普通高等教育艺术设计类新形态教材

肖　勇　总主编

ADVERTISING CREATIVITY & PLANNING

广告创意与策划

（第二版）

庞　涛　编著

(The 2nd Edition)

中国轻工业出版社

图书在版编目（CIP）数据

广告创意与策划／庞涛编著. --2版. --北京：中国轻工业出版社，2024. 11. --ISBN 978-7-5184-5062-6

Ⅰ. F713.8

中国国家版本馆CIP数据核字第2024S294G6号

责任编辑：朱利利　　责任终审：劳国强　　设计制作：锋尚设计

策划编辑：王　淳　　责任校对：晋　洁　　责任监印：张京华

出版发行：中国轻工业出版社（北京鲁谷东街5号，邮编：100040）

印　　刷：天津裕同印刷有限公司

经　　销：各地新华书店

版　　次：2024年11月第2版第1次印刷

开　　本：787×1092　1/16　印张：8.25

字　　数：231千字

书　　号：ISBN 978-7-5184-5062-6　定价：58.00元

邮购电话：010-85119873

发行电话：010-85119832　010-85119912

网　　址：http://www.chlip.com.cn

Email：club@chlip.com.cn

240517J1X201ZBW

PREFACE

前言

习近平总书记在党的二十大报告中提出，全面建设社会主义现代化国家，必须坚持中国特色社会主义文化发展道路，增强文化自信，围绕举旗帜、聚民心、育新人、兴文化、展形象建设社会主义文化强国，发展面向现代化、面向世界、面向未来的，民族的科学的大众的社会主义文化，激发全民族文化创新创造活力，增强实现中华民族伟大复兴的精神力量。

广告是中国文化自信的主要反映形式之一，从党的二十大精神与社会进步的角度来看，新时期广告设计要求讲解细致，创意设计元素与细节处理要符合时代精神，将文化自信融入广告设计过程中，反复推敲创意元素与策划文案，让广告更具有创意，形成文化自信的视觉审美价值观。

广告是一种为了满足特定需求，通过各类媒体平台，向广大公众传播信息的推广手段。广告有广义和狭义之分。广义广告涵盖非经济广告和经济广告。非经济广告，也被称为效应广告，旨在推广，不以营利为目标，如政府行政部门、社会事业单位及个人发布的各类公告、启事、声明等。而狭义广告，特指经济广告，也被称为商业广告，其目的在于营利，是商品生产者、经营者和消费者之间传递信息的关键途径，也是企业拓展市场、促销产品、提供服务的重要方式。

广告创意与策划是广告活动的核心部分，它既是广告活动的一个分支，也体现了设计领域审美与实用的结合，同时肩负着信息传播的特殊任务。许多设计人员和广告专业学生都渴望掌握广告创意与策划的相关知识。然而，目前市场上的教材大多只讲述了广告创意与策划的表面知识，并未深入阐述其原理，无法激发学习热情，对设计思维的推动作用也有限。

在新媒体发展的大背景下，广告实践越来越需要新的理论模型、新的思维方式和新的观点来支撑，这是广告行业未来发展的主线。在创意与策划方面，无论是企业主还是广告界，对新媒体的创意和策划的需求都比以往更为迫切。因此，如何在吸收新媒体创意与策划案例的基础上，整理、重建广告教学理论，提高读者黏度，成了本书编著过程中的重点关注内容。第二版在第一版的基础上，强化了广告基础、创意概论、广告创意表现与策略内容，替换了与时俱进的设计案例、增加了广告创意设计步骤，分析创意过程中的重点，以加强读者对广告设计应用能力的掌握。

通过学习本教材，读者可以掌握广告创意与策划的基本知识，对创意与策划的产生与执行过程有详细的了解。这将使读者对广告创意与策划有初步的理性分析和表达能力，为未来的专业设计打下坚实的基础。

编著者

CONTENTS

目录

第 1 章 广告基础

1.1 广告学与广告 001

1.1.1 广告学 001

1.1.2 广告 002

1.2 广告创意与策划 005

1.2.1 广告创意 005

1.2.2 广告策划 006

●课后练习 007

第 2 章 广告创意概论

2.1 广告创意原理 008

2.2 广告创意原则 009

2.2.1 关联性原则 009

2.2.2 原创性原则 010

2.2.3 震撼性原则 011

2.3 广告创意思维 011

2.3.1 思维特征 011

2.3.2 思维形式 013

●课后练习 014

第 3 章 广告创意表现与策略

3.1 广告创意类型 015

3.1.1 商品情报型 015

3.1.2 对比型 015

3.1.3 超现实型 015

3.1.4 故事型 016

3.1.5 证言型 016

3.1.6 拟人型 017

3.1.7 类推型 018

3.1.8 比喻型 018

3.1.9 夸张型 019

3.1.10 幽默型 019
3.1.11 悬念型 019
3.1.12 意象型 019
3.1.13 联想型 020
3.1.14 抽象型 021
3.2 广告创意手法 021
3.2.1 头脑风暴法 021
3.2.2 默写式头脑风暴法 023
3.2.3 检核表法 023
3.2.4 卡片式头脑风暴法 024
3.2.5 组合法 025
3.2.6 联想法 026
3.3 广告创意训练 028
3.3.1 广告创意程序 028
3.3.2 放射性思维训练 028
●课后练习 031

第 4 章 不同媒介的广告创意
4.1 网络广告创意 032
4.1.1 网络广告概述 032
4.1.2 网络广告运行 036
4.1.3 网络广告文案写作 040
4.2 电视广告创意 041
4.2.1 电视广告概述 041
4.2.2 电视广告应用 041
4.2.3 电视广告发布 042
4.2.4 电视广告文案 043
4.2.5 成功电视广告赏析 043
4.3 手机广告创意 048
4.3.1 手机广告概述 048
4.3.2 手机广告运营 049
●课后练习 052

第 5 章 广告策划概论
5.1 广告策划概念与作用 053
5.1.1 广告策划的产生和分类 053
5.1.2 现代广告策划 053
5.2 广告策划类型与方法 059
5.2.1 类型 059
5.2.2 方法 061

5.2.3 广告策划书案例............062
●课后练习............065

第 6 章 广告市场调查与分析

6.1 广告市场调查............066
6.1.1 市场调查内容............066
6.1.2 调查目的与要求............066
6.1.3 市场调查方法............066
6.1.4 调查问卷设计技巧............069
6.2 营销环境分析............070
6.2.1 营销环境定义和构成............070
6.2.2 企业营销分析要点............072
6.2.3 营销环境分析总结............073
6.3 竞争对手分析............074
6.3.1 竞争对手分析目的............074
6.3.2 竞争地位分类............075
6.3.3 竞争对手情况分析............075
6.3.4 SWOT 分析法............076
6.4 消费者分析............077
6.4.1 购买行为过程............077
6.4.2 购买动机分析............078
6.4.3 现有消费者分析............079
6.4.4 潜在消费者分析............081
6.4.5 消费者分析总结............081
6.5 产品分析............082
6.5.1 产品形象分析............082
6.5.2 产品物质特点分析............083
6.5.3 产品识别标志分析............084
●课后练习............085

第 7 章 广告媒体策划

7.1 广告媒体概述............086
7.1.1 广告媒体意义............086
7.1.2 广告媒体分类............086
7.2 广告媒体评价............088
7.2.1 权威性和影响力............088
7.2.2 覆盖面............089
7.2.3 接触频次............089
7.2.4 连续性............089
7.2.5 针对性............090

7.2.6 成本效益 090
7.3 广告媒体选择 091
7.3.1 选择原则 091
7.3.2 选择方法 092
7.3.3 选择策略 094
7.4 主要媒体优劣势分析 096
7.4.1 报纸与杂志 096
7.4.2 广播与电视 096
●课后练习 098

第 8 章
广告策划实施
与评价

8.1 广告策划提案 099
8.1.1 提案准备 099
8.1.2 提案过程 100
8.1.3 提案完成 100
8.2 广告策划书实施 102
8.2.1 协调 102
8.2.2 控制 102
8.2.3 激励 103
8.3 广告策划方案评价 103
8.3.1 总体导向 103
8.3.2 内容质量分析标准 104
8.3.3 实施效果衡量指标 104
8.3.4 优秀广告策划案例 105
●课后练习 107

第 9 章
广告作品设计
与欣赏

9.1 广告设计步骤解析 108
9.1.1 苏打饼干招贴广告 109
9.1.2 巧克力招贴广告 110
9.1.3 平板电脑招贴广告 111
9.1.4 服装招贴广告 112
9.1.5 饮料车身广告 113
9.1.6 导航 APP 招贴广告 114
9.1.7 面包店易拉宝广告 115
9.1.8 促销招贴广告 116
9.2 优秀广告作品解析 117
●课后练习 123

参考文献 124

第1章 广告基础

学习目标：了解广告设计概念、设计目的，熟悉基础策划常识。
学习难度：★☆☆☆☆
重点概念：广告学、创意、策划

章节导读：广告学是一门独立的学科，它是研究广告活动的历史、理论、策略、制作与经营管理的学科。有关广告的知识，起初只零星地见之于新闻学科和经济学科的部分章节内，且很不成体系。到现在为止，广告知识仍是这些学科的组成内容之一，如新闻学、市场学、企业管理学、商业心理学等都论述到广告的内容（图1-1）。

图1-1：广告画面中将孩子放置在父亲额头皱纹上，表现出浓厚的生活气息，引导消费者产生共鸣，激发消费欲望。

图1-1 商业广告

1.1 广告学与广告

1.1.1 广告学

广告学是一门研究广告活动的历史、理论、策略、制作与经营管理的学科，随着商品经济的不断发展，市场经济也由“卖方市场”向“买方市场”转化，市场竞争日趋激烈。

广告学的研究涵盖了广告史、广告写作、广告策划、广告战略、广告战术、媒体选择、广告心理、广告摄影、广告设计、广告管理、广告道德规范等一系列原理和理论。这些原理和理论揭示了广告活动的基本规律，为企业开展广告活动提供指导和支持。广告学主要研究的对象是商业性广告，即经济广告或营利性广告（图1-2、图1-3）。

在市场经济中，商品和劳务的运动都有其规律。广告活动必须遵循这些规律，才能够取得最大的经济

图1-2 汉堡广告

图1-2：手机已经成为现代人生活中不可或缺的一部分，在手机上看到的汉堡广告，有时候会让人垂涎欲滴。当观众看到手机上的汉堡广告时，可能会想起自己很久没有吃汉堡了，或者想要尝试一些新的汉堡口味。

图1-3　口红广告

图1-3：该口红造型表现出力量与速度感，突出商品的营销特征。这款口红广告招贴设计的主色调为炫目的银色和优雅的黑色。这两种颜色分别代表了时尚和优雅，让口红产品在人群中脱颖而出，让消费者轻松掌握时尚潮流。

效益。因此，广告学的研究目的就是探讨商业广告活动如何有效地促进商品和劳务销售。广告学研究的中心问题，是探讨和揭示广告活动在商品促销中的运动规律，它着重研究下述几项内容：

1. 广告基本原理

广告的基本原理主要是研究广告的基本概念，分析广告在商品经济中产生和发展的必然性，确定广告在商品经济中的地位和作用以及广告的基本任务等。

2. 广告策划

广告策划包括广告调查、广告计划、广告预算、广告策略、广告实施及效果测定等。

3. 广告设计与制作

广告设计与制作是针对广告公司和专业设计公司的需求，培养具备综合素质和技能的设计师，使设计师掌握广告设计不同职位需求的专业设计技能，并具备独立完成各种设计项目的能力。

总之，广告学的基本任务，也就围绕以上这几项研究内容展开。广告学的基本任务是揭示商业广告的基本规律。

1.1.2 广告

广告，即广而告之的意思。广告是为了满足某种特定的需要，通过一定形式的媒体，公开而广泛地向公众传递信息的宣传手段，广告有广义和狭义之分。

图1-4　广告招贴

图1-4：把眉毛眼睛和嘴巴融入“广告”两字中，用眉毛眼睛替换掉“广”上面的点横，嘴巴替换掉“告”下面的口。

广义广告包括非经济广告和经济广告，非经济广告指不以营利为目的的广告，又称效应广告，如政府行政部门、社会事业单位乃至个人的各种公告、启事、声明等，主要目的是推广。狭义广告仅指经济广告，又称商业广告，是指以营利为目的的广告，通常是商品生产者、经营者和消费者之间沟通信息的重要手段，或企业占领市场、推销产品、提供劳务的重要形式，主要目的是扩大经济效益（图1-4）。

1. 特点

广告不同于一般大众传播和宣传活动，主要表现在以下几个方面。

（1）广告是一种传播工具。是将某一项商品的信息，由这项商品的生产或经营机构（广告投资人）传送给一群用户和消费者。

（2）做广告需要付费。广告设计与策划需要消耗大量人力、物力，具有一定甚至很大成本。

（3）广告进行的传播活动是带有说服性的。只有说服才能起到促进信息流通与推广的作用。

（4）广告是有目的、有计划、连续的。形成系统的广告更能获取潜在消费者的认知，促进其接受有用的广告信息（图1-5）。

2. 要素

以广告活动的参与者为出发点，广告构成要素有：广告投资人、广告公司、广告媒体、广告信息、广告思想和技巧、广告受众、广告费用及广告效果。以大众传播理论为出发点，广告信息传播过程中的广告构成要素主要包括：广告信源、广告信息、广告媒介、广告信宿等。

3. 理念文化

理念文化主要包括显性要素与隐性要素。显性要素是通过信源、信息、媒体、通道、对象和反馈，扩大广告文化的氛围，强化广告的全面功能。隐性要素是通过情感因素、心理因素、时空环境、文化背景、权威意识进一步拓宽广告文化的功能（图1-6）。

（a）牛排

（b）洋葱

图1-5　广告信息

图1-6　汉堡广告招贴

图1-5（a）：牛排包裹保鲜膜由食品级优质材料制成，具有良好的透气性、防水性、耐温性，能够有效保持牛排的新鲜度。将牛排与保鲜膜关联起来，融合色彩对比，红色与白色视觉效果醒目。

图1-5（b）：洋葱包裹保鲜膜采用食品级优质材料制成，具有优良的隔绝空气、水分和异味的性能。将洋葱与保鲜膜关联起来，融合色彩对比，粉色与白色视觉效果醒目。

图1-6：将Wendy's汉堡的产品以图片形式直观展示，结合大字母和数字突出了汉堡产品的优惠特征。这种创意具有强烈的视觉冲力力量，能引起消费者注意。

4. 广告的意义

广告意义主要包括下列几个方面。

（1）准确表达广告信息。广告设计是一门实用性很强的学科，有明确的目的性，准确传达广告信息是广告设计的首要任务。在现代商业社会中，商品和服务信息绝大多数都是通过广告传递的，平面广告通过文字、色彩、图形将信息准确地表达出来，而二维广告则通过声音、动态效果表达信息，通过以上各种方式，商品和服务才能被消费者接受和认识（图1-7）。

（2）树立品牌形象。企业的形象和品牌决定了企业和产品在消费者心中的地位，这一地位通常靠企业的实力和广告战略在维护和塑造。在平面广告中，以往报纸广告、杂志广告由于受众广、发行量大，可信度高而具有很强的品牌塑造能力。

（3）引导消费。平面广告一般可以直接打到消费者手中，而信息详细具体，因此如购物指南，房产广告、商品信息等都可以引导消费者去购买产品。二维广告则可以通过动态效果的影响，促使消费者消费。

（4）满足消费者。形象生动的广告作品，能使消费者沉浸在商品和服务形象给予的愉悦中，使其自觉接受广告的引导。因此广告设计是物质文化和生活方式的审美再创造，通过夸张、联想、象征、比喻、诙谐、幽默等手法对画面进行美化处理，使之符合人们的审美需求（图1-8）。

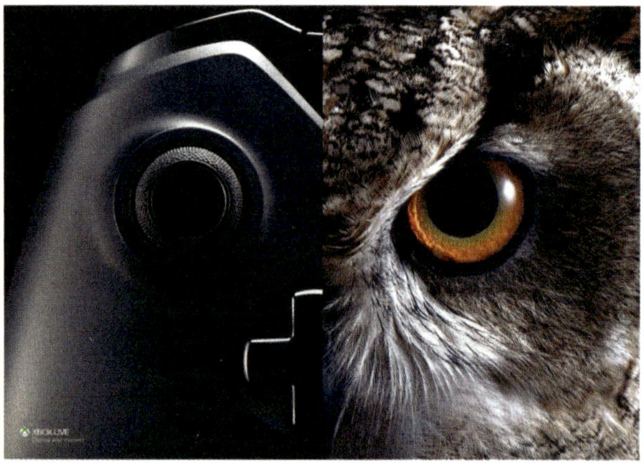

图1-7 手机产品广告设计

图1-7：手机和猫头鹰的结合，意味着观众将获得更加便捷的沟通方式。通过手机，观众可以随时随地与亲朋好友保持联系，分享快乐时光。猫头鹰以其高性能和优秀的屏幕显示效果，成了职场人士的最佳选择。

图1-8 smart汽车广告设计

图1-8：汽车广告设计作为汽车品牌推广的重要手段，必须不断创新，以打破传统，引领潮流，形成独特的视觉冲击。同时将品牌文化、产品特点和品牌形象通过广告设计传达给消费者，使其产生共鸣，增强品牌影响力。

★补充要点

设计师——雷蒙德·罗维

雷蒙德·罗维（Raymond Loewy）1889年出生于法国巴黎，是美国工业设计的重要奠基人之一，一生从事工业产品设计、包装设计及平面设计（特别是VI），参与项目多达数千个，设计领域极为广泛，代表了第一代美国工业设计师涉猎的广泛。他把设计高度专业化和商业化，使他的设计公司成为20世纪世界上最大的设计公司之一。罗维不仅对工业技术深感兴趣，对于人的视觉敏感性也有很深的认识和追求，设计既具工业化的特征，又不乏人性化。他一生有无数荣誉，他是第一位被《时代》周刊作为封面人物的设计师。

1.2 广告创意与策划

1.2.1 广告创意

广告创意是指通过独特的技术手法或巧妙的广告创作脚本，更突出体现产品特性和品牌内涵，并以此促进产品销售。

1. 定义

（1）广义。它包含了广告活动中创造性的思维，只要是涉及创造新的方面，从战略、形象，到战术以及媒体的选择等方面。

（2）狭义。现实中，广告界更愿意以“广告作品的创意性思维”来定义广告创意。广告创意是通过大胆新奇的手法来制造与众不同的视听效果，最大限度地吸引消费者，从而达到品牌声浪传播与产品营销的目的（图1-9、图1-10）。

2. 原则

创新思维或称创造性思维，是指人们在思维过程中能够不断提出新问题和想出解决问题方式的独特思维。可以说，凡是能想出新点子、创造出新事物、发现新路子的思维都属于创新思维。在广告创意过程中必须运用创新思维。为此，应把握以下原则：

（1）冲击性原则。在令人眼花缭乱的报纸广告中，要想迅速吸引人们的视线，在广告创意时就必须把提升视觉张力放在首位。将摄影艺术与电脑后期制作充分结合，拓展广告创意的视野与表现手法，产生强烈的视觉冲击力，给观众留下深刻印象。

（2）新奇性原则。新奇是广告作品引人注目的奥秘所在，也是一条不可忽视的广告创意规律。有了新奇，才能使广告作品引人入胜；有了新奇，才能使广告主题得到深化、升华；有了新奇，才能使广告创意远离自然主义向更高的境界飞翔（图1-11）。

（3）包蕴性原则。吸引人们眼球的是形式，打动人心的是内容。独特醒目的形式必须蕴含耐人思索的深邃内容，才拥有吸引人一看再看的魅力。

（4）渗透性原则。人最美好的感觉是感动。观众情感的变化必定会引起态度的变化，出色的广告创意往往把“以情动人”作为追求的目标。

（5）简单性原则。国际上流行的创意风格越来

图1-9 汤达人创意广告

图1-10 染膏创意广告

图1-9：引入厨房烹饪场景，将方便面烹饪形式复杂化，表达出方便面产品口味的真实感，提升方便面在消费者心中的认知形象。

图1-10：染膏将笔刷关联，融合亚麻色、金色、棕色等色彩，表现产品的丝滑与润泽，成为聚光灯下的焦点。

图1-11 牵引绳广告

图1-11：广告以其独特的表现手法和富有冲击力的画面，给人以深刻的印象，唤醒人们的健康意识。这件广告设计作品将牵引绳的功能拟人化，突出产品的便捷性与轻松感。

越简单、明快。广告创意的简单，除了从思想上提炼，还可以从形式上提纯。平中见奇，意料之外，情理之中往往是传媒广告人在创意时渴求的目标。

★补充要点

古代兴起的广告形式——叫卖广告

在兜售商品时，通过卖啥吆喝啥来吸引买主，称为叫卖广告。如卖油翁一边敲“梆子”，一边吆喝“卖油啰”。叫卖之声，清晰悦耳，且不同的行业，叫卖声各有特点。这种叫卖广告说明了广告与音响的关系，它是音响作为广告要素的原始形态。

1.2.2 广告策划

广告策划就是对提出广告决策、实施广告决策、检验广告决策全过程作预先的考虑与设想，是对广告的整体战略与策略的运筹规划。广告策划不是具体的广告业务，而是广告决策的形成过程（图1-12）。

广告策划是一项精确严谨、精细入微的系统工程。广告活动的执行，需遵循一套严密的流程，包括广告调研、广告策略的拟定、广告效果的评估等各个环节。广告策划是对整个广告活动的全方位运筹规划，是一种在提出广告决策、执行广告决策和验证广告决策之前的预设，是对具体广告业务基本原则和策略的制定。从上述广告策划的基本含义中可以看出，广告策划的本质特征可以用6M来概括：

1. Market：市场

对广告目标市场的选择及其特征的把握。

2. Message：信息

确定广告需要传达的正确信息。

3. Media：媒体

选择什么样的媒体将广告中的信息传播给目标受众。

4. Motion：活动

使广告发生效果的相关营销、促销活动。

图1-12 广告策划形成

图1-12：一个成功的广告策划需要充分发挥团队的智慧，通过集思广益，找到最适合的创意方案。广告策划人要有敏锐的市场洞察力和强烈的责任感，才能为客户创造价值，为社会传递正能量。

5. Measurement：评估

对广告效果的检测，事后、事中和事前的各种评估。

6. Money：费用

广告需要投入的经费、预算。

广告策划人依据上述要求，进行广告调查，掌握市场情况，进行研究论证，提出广告活动的原则和战略策略。在这些原则和策略的指导下，确定广告目标、广告对象、广告主题、广告方式、广告时机、广告地域、广告媒体、广告效果等一系列重要问题，最终拟定出广告策划书（图1-13）。

图1-13　脉动广告策划

图1-13：这则广告以美国队长为主角，通过展示他在执行任务过程中如何借助脉动功能饮料恢复能量，强调了脉动在关键时刻的重要性。面对生活和工作中的挑战，需要保持最佳状态，迎接每一个挑战。而脉动饮料，正是人们生活中的健康"补充剂"，帮助人们迅速补充能量，以最佳状态应对生活中的种种挑战。

本章小结：

在当今信息爆炸的时代，广告成了商家宣传推广产品或服务的重要手段。本章旨在供一套详细生动的广告创作基础知识，帮助读者在众多广告中脱颖而出，吸引潜在客户的注意力，将围绕广告的基本原则、创意元素和传播途径等方面进行初步探讨。广告策划在广告创作之初，只有了解客户的目标群体，才能更好地针对他们的需求进行广告创意。

●课后练习

1. 什么是广告学?
2. 广告的基本原理是什么?
3. 广告的特点有哪些。
4. 广告创意的原则有哪些?
5. 简述广告策划6M是什么?
6. 说一则你印象最深刻的广告，并分析其中的策划思想。
7. 了解改革开放以来，我国广告事业的发展状况，思考广告在社会问题中起到的宣传作用有哪些。

第2章
广告创意概论

学习目标：了解广告创意原理、原则，掌握创意思维方法。
学习难度：★★☆☆☆
重点概念：创意原理、创意原则、创意思维

章节导读：广告创意包含了广告活动中创造性的思维，广告创意是通过大胆新奇的手法来制造与众不同的视听效果，最大限度地吸引消费者，从而达到品牌声浪传播与产品营销的目的。广告创意是有创造力地表达出品牌的销售讯息，以迎合或引导消费者的心理，并促成其产生购买行为的思想（图2-1）。

图2-1　轮胎创意广告

图2-1：汉堡是一种方便快捷的食物，既能满足口感需求，又能提供足够的能量。而汉堡形轮胎正是借鉴了这一设计理念，将轮胎的外观和功能与汉堡包完美结合，为消费者带来前所未有的视觉体验。

2.1　广告创意原理

广告创意是指使广告达到广告目的的创造性主意，广告创意的核心在于提出“理由”，继而讲究“征服”，以求促成行动。广告创意的产生如同生产汽车一样，创意并非一刹那的创意闪现，而要经过一个复杂而曲折的过程，靠人脑中的各种知识和阅历累积而成，通过一连串看不见、摸不着的心理过程制造出来（图2-2）。

广告创意一般可以分为如下五个阶段。

1. 收集资料

收集原始资料，广告创意需要收集的资料有两部分：特定资料和一般资料，这两类资料都需要从客户与市场上去挖掘。

2. 分析资料

仔细分析搜集到的资料。列出广告商品与同类

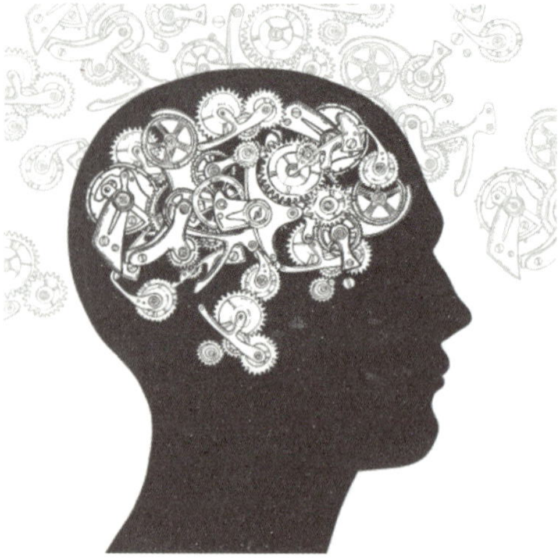

图2-2　人脑创意广告

图2-2：一个成功的广告策划需要充分发挥团队的智慧，通过集思广益，找到最适合的创意方案。广告策划人要有敏锐的市场洞察力和强烈的责任感，才能为客户创造价值，为社会传递正能量。

商品具有的共同属性。分别列出广告商品和竞争商品的优势、劣势，通过对比分析，找出广告商品的竞争优势。列出广告商品的竞争优势带给消费者的种种便利，即诉求点。最重要的是找出消费者最关心、最迫切的需求，找到定位就找到了广告创意的突破口。

3. 酝酿阶段

这个阶段还需要深思熟虑，反复比较，去除不妥之处，不断改进。

4. 顿悟阶段

实际产生创意这个阶段很偶然，并不是所有创意者和设计师都能完美地达到这个阶段，但是充分准备上述三个阶段后，加上一定的市场调研与职业生涯磨砺，都能获得较好的顿悟。

5. 验证阶段

验证是创意产生过程的最后阶段。将创意广告进行发展，或者在正式实施前进行评估，使之能够进入市场起到实际作用。

★补充要点

广告定位是广告创意的前提

广告定位是广告创意的前提。广告定位先于广告创意，广告创意是广告定位的表现。

广告定位所要解决的是“做什么”，广告创意所要解决的是“怎么做”，只有弄明确做什么，才可能发挥好怎么做。一旦广告定位确定下来，怎样表现广告内容和广告风格才能够随后确定。广告定位是广告创意的开始，是广告创意活动的前提。

2.2　广告创意原则

广告创意既要打破常规，力求新颖独到，又要受制于产品或服务的特点、消费者、广告主的营销目标、竞争对手等因素。因此，创意必须遵循一定的原则。

2.2.1　关联性原则

关联性原则指广告创意要与商品信息相关、与目标对象的生活形态相关、与企业期望的公众行为相关，否则就失去了意义。

1. 与商品信息关联

广告是为表现商品或服务的特点而做的，它所表现的内容和形式都要紧紧围绕商品相关的主观或客观信息，让受众看了知道是宣传商品或服务哪一方面的信息。表现的内容和形式要让消费者有很自然的联想，有说服力（图2-3、图2-4）。

图2-3　除臭剂广告

图2-3：鞋子除臭剂采用了先进的配方和技术，能够深入鞋子纤维，有效去除各种异味，通过鞋带捆绑鱼，表达出对脚臭和鱼腥味的否定。

2. 与目标对象的生活形态关联

广告是针对特定对象进行传播，广告中所宣传的内容和借以宣传内容的形式应该是目标对象熟悉的，与目标对象息息相关。这样才容易让受众产生亲近感、好感，进而采取广告所期望的购买行动。尤其在表现方式上要充分考虑受众的好恶（图2-5）。

3. 与企业期望的公众行为关联

广告要为实现企业的目标服务。广告主之所以投资广告，是因为和别的投资一样，要有收益。每个广告作品、广告活动都是为达到一定目的而设计的。

2.2.2　原创性原则

原创即自己首创、非抄袭模仿的、内容和形式都具有独特个性的作品。广告创意的原创性实质就是创新、与众不同（图2-6）。

图2-4　宠物食品广告

图2-5　晚霜广告

图2-4：作为一家拥有悠久历史的宠物食品品牌，Vitakraft在产品质量和研发方面拥有丰富的经验和技术，在天空翱翔的旗帜表现出产品的自信。

图2-5：将月亮与包装结合，表现出寂静的夜晚，突出晚霜产品的活力与适用范围。

图2-6　快递广告

图2-6：这种广告方式抓住了观众追求新鲜感的心理。夸张的收信箱造型是原创设计的表现，需要专项绘制，这种方式既能让观众在忙碌的生活中感受到快捷与便利，又能让广告深入人心，产生良好的宣传效果。

2.2.3　震撼性原则

震撼性指的是广告要给消费者留下深刻的印象。记住广告的重要画面或有特色的声音或语言，有助于消费者在有相关需求的时候想起这个广告的产品，从而去购买该产品。

事实和情感都可让我们震动，广告的震撼力来自纯粹的感官刺激，同时“从平凡见崎岖，化腐朽为神奇”正是广告创意震撼性的又一体现。画面的用色、音乐、节奏、数字等都可以达到震撼的效果（图2-7）。

图2-7 《迷失太空》影视广告

图2-7：人类与外星生物零距离接触的画面，让观众感到主角人物面临的重重困难，却依然坚持不懈的精神。它们不畏艰险，勇往直前。不仅让观众看到了人类的勇敢和智慧，更让观众意识到外星球物种带来的震撼感。

2.3　广告创意思维

2.3.1　思维特征

1. 求异

求异是打破原有的思维模式，寻求事物质和形的变异。思维的求异性是广告创意思维的本质特征。广告创意的生命力就在于与众不同。主题可以独特，在产品同质化严重的今天，平凡的主题转换中表现手法就是创新（图2-8）。

2. 抽象

抽象就是在比较分析的基础上，从事物的许多属性中抽取其本质属性。抽象性是广告创意思维的形式特征。广告创意思维的抽象性其实是考验广告人的概括能力、透过现象看本质的能力（图2-9）。

图2-8　旺仔牛奶广告

图2-8：旺仔牛奶的包装设计独具特色，采用了可爱的卡通形象——旺仔。旺仔是一个活泼可爱的小男孩，他的形象让人感到亲切和温暖。旺仔牛奶包装采用了明亮的色彩，让人一眼就能认出。

3. 联想

思维的联想是由一种事物想到另一种事物的心理过程。联想产生可能由当前感知的事物所引起，也可能由回忆中的事物引起。

联想实质上是在承认事物同构性的基础上，在不同系统间交换表达符号的过程。对广告设计者来说，就是要找出能与所要表达的信息具有同构性质的形式符号，靠大脑中的联想机制创造出新的形态。而受众在观看广告时，也会展开另一种联想活动，通过对同构的认同来理解广告的意义（图2-10、图2-11）。

事物本身能表现同构性的成分包括事物的概念、形态、意义等要素。同构性还有作为整体的事物与事

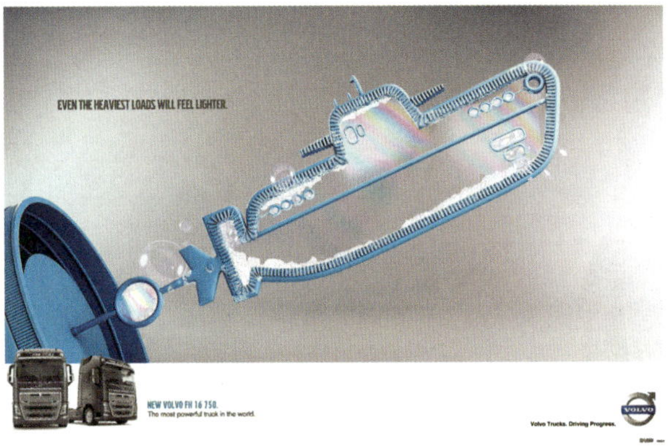

图2-9　抽象沃尔沃汽车广告图

图2-9：采用抽象的潜艇造型来表述汽车的安全性，突出汽车的安全保障能力，能像潜艇一样快速浮出水面，最大程度确保行驶安全。

图2-10　类比联想汽车广告

图2-10：通过汽车与羊类比，汽车采用的节能技术，油耗不仅远低于同类车型，甚至比羊的能耗还要低。

图2-11　关系联想酱油广告

图2-11：人们对美食的追求不仅仅局限于味道，更注重食材的健康与营养价值。这道酱油盛宴充分展现了传统酱油与现代烹饪的完美结合，带来了一场视觉、味觉、嗅觉的全方位享受。感受酱油带来的独特魅力。

物之间的联系基础。广告创意的切入点和表达意向，可以从这些同构性要素中去寻找。广告创意的联想包括事物概念间的联想、事物形态间的联想和事物意义间的联想、事物性质特征的联想等。

★补充要点

广告创意的基准：目标对象

广告目标对象是指广告诉求对象，是广告活动所有的目标公众，这是广告定位中“向谁广告”的问题。广告创意除了以广告主题为核心之外，还必须以广告对象为基准。“射箭瞄靶子”或“弹琴看听众”都是指广告创意要针对广告对象，要以广告对象进行广告主题表现和策略准备，否则就难以收到良好的广告效果。

2.3.2　思维形式

1. 发散思维

发散思维就是从已经明确或被限定的因素出发，进行各个方向的思考，设想出多种构思方案的思维方式，也叫扩散思维或多向思维、辐射思维。发散思维主要用于创意构思的初级阶段，是展开联想、发挥想象，寻求尽可能多的答案、设想或解决方法的有效手段。运用发散思维主要在于寻找发散点和调整发散方向（图2-12）。

2. 聚合思维

聚合思维，是一种以目标为导向，基于已有信息和材料进行深度构想的思维方式，也被称为辐合思维或集中思维，主要用于创意构思的中后期。

这种思维方式的特点在于，它能在繁杂的信息中找出共性，从大量的数据中提炼出精髓，具有同一性、集中性和系统性的特点。同一性是指思维过程始终沿着寻找共同点的方向进行；集中性是指其思考范围集中于中心议题，避免发散；系统性则是指思维过程遵循逻辑规律，系统全面，却可能稍显僵化。

运用聚合思维进行构思时，应遵循理性和感性相结合、自我和他人的观点共同参与的原则，以寻求尽可能好的方案为目标，力求尽善尽美（图2-13）。

3. 侧向思维

侧向思维是利用局外信息，从其他领域、事物中得到启示而产生新方案、新设想的思维方式，也称为旁通思维，这种思维方法能快速打开设计者的创意灵感思路，在生活与工作中任何信息都可以用来作为创意元素（图2-14）。

图2-12　发散思维VISA广告

图2-13　聚合思维手表广告

图2-12：采用各种彩色球体发散与组合图形，表现出丰富的物质生活，表明VISA能提供丰富多样的支付产品和金融服务。

图2-13：将与时间相关的符号、图形、图像聚合起来，按序列排版，形成紧凑且有序的视觉图形，表达手表卓越的性能和丰富的功能，将传统手表的美学与现代科技完美融合。

4. 逆向思维

逆向思维是按照人们习惯的思路走向进行逆向思考，设想出一些出乎人们意料的新方案的思维方式，也称为反向思维。使用逆向思维要求有很强的洞察力，具备一定的生活经验，对任何事物的正反两面都具有比较和推理的能力（图2-15）。

图2-14　侧向思维汽车广告

图2-14：没有直接正向描述汽车产品特色，而是将闪电与羽毛列出，侧向表述汽车快速与舒适的性能，搭配提问来引导消费者强化记忆。

图2-15　逆向思维雀巢咖啡广告

图2-15：在快节奏的现代生活中，人们总是在追求速度与效率。咖啡成了许多人每天必备的“能量源泉”。市面上众多的咖啡广告都在强调咖啡的提神、醒脑等功能，这项广告另辟蹊径，从逆向思维的角度来宣传一款咖啡。

本章小结：

广告创意是一个引人入胜的领域，它涉及了营销、传播和设计等多个方面。广告创意不仅需要创新思维，还要考虑消费者的心理、市场趋势和竞争对手等因素。在广告创意中，有一个非常重要的概念就是“广告创意元素”，它包括广告的文字、图像、声音、颜色、形状和空间等元素。这些元素是广告创意中不可或缺的部分，它们的恰当运用可以提升广告的视觉效果和易读性，以及传达广告的主题和情感。在广告创意中，需要综合考虑这些元素的作用和特点，以创建有吸引力的广告。

●课后练习

1. 什么是创意？你是怎样理解广告创意的？
2. 广告创意应遵循哪些原则？
3. 简述关于广告创意过程的理论。
4. 广告创意思维有哪些特点？试举例说明。
5. 发散思维与聚合思维有什么不同？在广告创意中应如何运用？
6. 举例说明什么是侧向思维和逆向思维。
7. 请以“喜迎党的二十大”为创意理念制作一则宣传海报。

第 3 章

广告创意表现与策略

学习目标：掌握广告创意类型、手法，能独立进行创意训练。

学习难度：★★★☆☆

重点概念：创意类型、创意手法、创意训练

章节导读：广告创意表现，也被称为广告呈现，是广告策略的生动展现方式。它通过各种传播符号和视觉艺术手法，将广告信息以引人入胜的方式呈现给消费者，以达到激发购买欲望的目标。创意策略的终极目标是确定广告需要传达的核心观点。广告创意的精髓在于创新，只有新颖的创意、独特的风格、全新的表现手法，才能吸引公众的注意力，产生强大的心理说服力。这种力量能够加深广告影响的深度和力度，从而创造出无限的经济价值（图3-1）。

图3-1　创意广告

图3-1：“为梦想插上翅膀，让心意飞向月球。”这是一个寓意着梦想与祝福的创意广告，表达的不仅仅是一个产品的宣传，更是一种美好的愿景。它告诉公众，只要有梦想，每个人都可以像这个礼物盒一样，插上翅膀，飞向心中的那轮明月。

3.1　广告创意类型

广告创意可以区分为抽象创意和形象创意两种形式。抽象创意是指通过抽象概念创造性地重新组合，以表现广告的内容。形象创意是指通过具体形象创造性地重新组合，以表现广告的内容。这种类型的广告创意以形象的展现来反映广告主题，从而直观地吸引公众。广告创意可以分为以下多种类型。

3.1.1　商品情报型

商品情报型广告是最常用的广告创意类型。它以展示广告商品的情况为核心，表现商品的现实性和真实性本质，以达到突出商品优势的目的。

3.1.2　对比型

对比是艺术美中最引人注目的表现形式之一，是一种通过将作品中所描绘事物的性质和特点置于鲜明的对照和直接对比之中来呈现的手法。它借彼显此，互比互衬，从对比所呈现的差别中，达到集中、简洁、曲折变化的表现效果（图3-2、图3-3）。

3.1.3　超现实型

这种广告创意类型既可以通过超现实风格来组合多种不相关的事物，让经过组合后的事物来表现广告

图3-2 新旧款对比

图3-2：同一款车型，在推出新款后，以易拉罐包装的形式揭开，对比新旧款型之间的差异，激发消费者购买欲望。

图3-3 动力对比

图3-3：用汽车拉动冰海中的轮船，对比两者的形体与动力，倾斜构图强化了这种动感。

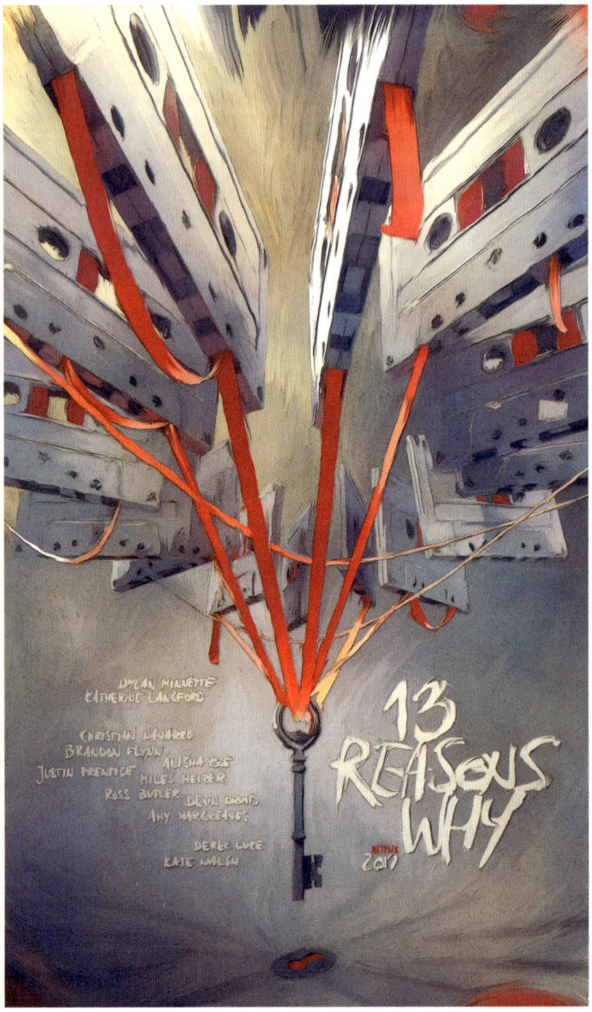

图3-4 超现实广告

图3-4：广告将磁带与钥匙融合在一起，表现出音乐会的汇集与神秘，让人产生好奇与期待。

产品，尤其是在广告表现上突出超现实的情节。在采用超现实广告创意时，一定要注意把握程度，否则容易使人记住广告创意中的场景情节而忽略广告主题（图3-4）。

3.1.4 故事型

作为一种独特的广告创意，可以借助生活、传说、神话等故事内容来展开，以传达品牌产品的特征或信息。这种类型的广告创意具有自我说明的特性，能够让观众更容易理解和接受，并与广告内容产生共鸣。

在进行这种类型的广告创意时，需要全面统筹人物的选择、事件的起始和情节的发展，以便在有限的时间和特定的故事中，有效地传达出广告主题（图3-5）。

3.1.5 证言型

证言型广告创意一般援引有关专家、学者或名人、权威人士的证言来证明广告商品的特点、功能及其他事实，以此产生权威效应。人们信以为真地、毫

图3-5 《今天我们这样爱国》公益广告

图3-5：从普通人身上发现爱国的种种形式，他们用自己的行动投身国家的建设和发展中，用自己的智慧和汗水，为实现中华民族伟大复兴的中国梦而努力奋斗。广告表现出平凡、朴实的生活气息，以微小来见证爱国行为的功效。

无批判地接受来自权威的信息。在其他条件相同的状况下，权威效应更具影响力，往往成为第一位的作用。

许多国家对于证言型广告都有严格限制，以防止虚假证言对消费者的误导。证言型广告要特别注意，权威人的证言必须真实，必须建立在严格的科学研究基础之上。此外，社会大众的证言，必须基于自己的客观实践和经验，不能妄加评价（图3-6）。

3.1.6 拟人型

这种广告创意以一种形象表现广告商品，使其带有某些人格化特征，即以人物的某些特征来形象地说明商品。这种类型的广告创意，可以使商品生动、具体，给受众以深刻的印象，同时可以用浅显常见的事物对深奥的道理进行说明，帮助受众深入理解（图3-7、图3-8）。

图3-6 证言型专家医疗广告

图3-6：时常会看到各种各样的医疗广告。证言型专家医疗广告以其独特的优势脱颖而出，深受广大患者的信赖。证言型专家医疗广告是指以真实患者的治疗经历为基础，通过展示成功案例和患者对医疗机构、医生治疗效果的真实评价，来宣传医疗机构和医生的专业能力和服务质量。

3.1.7　类推型

这种类型的广告创意是以一种事物来类推另一种事物，以显示出广告产品的特点。采用这种创意，必须使所诉求的信息具有相应的类推性（图3-9）。

3.1.8　比喻型

比喻是一种独特的设计技巧，其精髓在于巧妙地选择两个看似毫无关联的事物，却在某种特定层面上展现出惊人的相似性。这种艺术手法以“此物喻彼物”的方式，在比喻对象与主题之间建立起一种微妙的联系。尽管比喻的对象与主题没有直接关系，但在某些方面与主题的某些特征有着相似之处。

比喻型广告创意是指采用比喻的手法，对广告产品或劳务的特征进行描绘或渲染，或用浅显常见的道理对深奥的事理进行说明，以达到帮助受众深入理解，使事物生动具体，给人以鲜明深刻的印象。比喻型广告创意又分明喻、暗喻和借喻三种形式（图3-10）。

图3-7　拟人型巧克力广告

图3-8　拟人型啤酒广告

图3-7：将巧克力豆拟人化，给巧克力豆赋予了生命，使得商品更加活泼、可爱、俏皮，让人印象深刻，更加吸引小朋友。

图3-8：盛夏酷暑，烈日炎炎，大地如火炉般炙烤，人们渴望一份清凉。一杯冰凉的啤酒，正是解渴消暑的最佳选择。将仙人掌拟人化，突出啤酒不仅好喝还解渴消暑，就连仙人掌也忍不住。

图3-9　类推型收养宠物广告

图3-10　比喻型Olympus 相机广告

图3-9：从独眼怪兽类推到收养宠物狗，表达了人对情感交流与互动交流的渴望，突出宠物收养与托管商业品牌的市场效应。

图3-10：笼子像是我们生活中无处不在的规则和束缚，限制着我们的行为，规范着我们的思想。但是豹子并没有因此失去生命力，反而更显得矫健、狂野和动人。这正是Olympus相机想要传达的理念——即使生活充满了束缚，我们依然可以展现出最美好、最真实、最野性的一面。

3.1.9　夸张型

夸张是在一般中求新奇变化，通过虚构把对象的特点和个性中美的方面进行夸大，赋予人们一种新奇与变化的情趣。通过这种手法能更鲜明地强调或揭示事物的实质，加强作品的艺术效果。

夸张型广告创意是基于客观真实的基础，对商品或劳务的特征进行合情合理的渲染，以达到突出商品或劳务本质与特征的目的。采用夸张型的手法，不仅可以吸引受众的注意，还可以取得较好的艺术效果（图3-11）。

3.1.10　幽默型

幽默法是指广告作品巧妙地再现喜剧性特征，抓住生活现象中局部性的东西，通过人们的性格、外貌和举止的某些可笑特征表现出来。采用幽默型广告创意要注意，语言应该是健康的、愉悦的、机智的和含蓄的，切忌使用粗俗的、生厌的、油滑的和尖酸的语言。要以高雅风趣表现广告主题，而不是一般的俏皮话。

幽默的表现手法，往往运用饶有风趣的情节巧妙地安排，把某种需要肯定的事物无限延伸，营造一种充满情趣，引人发笑而又耐人寻味的幽默意境。幽默的矛盾冲突可以达到出乎意料，又在情理之中的艺术效果，以别具一格的方式，发挥艺术感染力的作用（图3-12）。

3.1.11　悬念型

悬念型创意是在表现手法上故弄玄虚，布下疑阵，使人对广告画面乍看不解题意，造成疑惑、紧张、渴望、揣测、担忧、期待、欢乐等一系列的心理状态。在观众的内心掀起层层波澜，产生夸张的效果，驱动消费者的好奇心和强烈举动，开启积极的思维联想，引起观众进一步探明广告题意的强烈愿望，然后通过广告标题或正文把广告的主题点明出来，使悬念得以解除，给人留下难忘的心理感受（图3-13）。

3.1.12　意象型

意象即意中之象，它是一些主观的、理智的、带有一定意向的精神状态的凝结物和客观的、真实的、可见的、可感知的感性象征的融合，是一种渗透了主观情绪、意向和心意的感性形象。意向型广告创意是

图3-11　夸张型剃须刀广告

图3-12　幽默型麦当劳广告

图3-11：广告的创意和传播力度成了品牌竞争的关键。以胡子刮出蜘蛛形状的夸张型剃须刀为主题，凭借其独特的创意和生动的表现手法，成功吸引了人们的关注。展示了产品的卓越品质。

图3-12：漫漫旅程让人心生恐惧，仿佛目的地总是遥不可及。麦当劳让这一切变得轻松愉快。不管身在何方，只要跟着麦当劳的标志走，就能找到通往幸福的美味之旅。引导观众寻找那个金黄色的“M”。因为麦当劳，会让旅程不再遥远，让幸福触手可及。

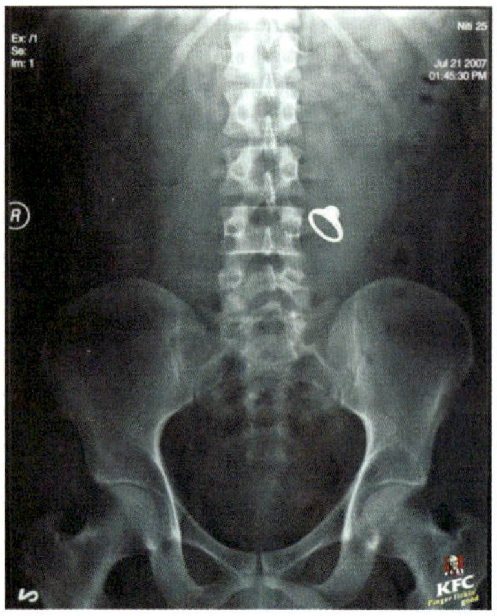

图3-13　悬念型肯德基广告　　图3-14　意象型scribe彩色铅笔广告

图3-13：这是一幅引人入胜的X光片。在胃部区域，一枚熠熠生辉的钻戒翩然悬停，顿时吸引了所有人的目光。这枚钻戒化作悬念的磁石，激发了人们探求真相的欲望。广告中，食物的诱人香气使得食客忘情地吮指回味，因太过投入，竟然把自己的钻戒也吸进了胃里。这幅广告的独到之处在于，它并未直接展示吃东西的过程，而是以一种充满神秘感的方式，呈现了这一令人费解的结果。受众被悬念紧紧抓住，纷纷探求答案。广告由此达到吸引眼球的预期目的。如此一来，广告成功地吸引了人们的注意力，达到了预期的宣传效果。

图3-14：在五彩斑斓的世界里，总有一抹色彩能够触动内心深处的情感。而scribe彩色铅笔，正是那抹能够描绘出世间万物的神奇画笔，使得一条金鱼栩栩如生。

把人的心境与客观事物有机融合的产物。采用意象型广告创意时，有时花很多的笔墨去反映精神表现，即“象”，而在最后主题的申明上仿佛弱化，受众可以自己理解其内涵，即“意”。意与象二者具有内在的逻辑关系，但是在广告中并不详叙，给受众自己去品味“象”而明晓内在的“意”（图3-14）。

3.1.13　联想型

联想是一种神奇的心理现象，它源于客观事物之间错综复杂的联系，在人的大脑中形成一幅独特的思维画卷。它是通过一种事物的经验引发对另一种看似毫不相干的事物的经验的回忆过程。联想的火花在人们的心灵深处迸发，激发出丰富的感情（图3-15）。

联想出现的途径多种多样，可以是在时间或空间上接近的事物之间产生联想；在性质上或特点上相反的事物之间产生联想；在形状或内容上相似的事物之间产生联想；在逻辑上有某种因果关系的事物之间产生联想。

图3-15　联想型BULMERS果酒广告

图3-15：将瓶身包装色彩延伸到背景，引用舞动的画笔质感，让消费者由多变的色彩联想到丰富的口感。

3.1.14　抽象型

抽象是与具象相对应的范畴。它是隐含于具体形象内部的质的规定性。在广告创意中采用抽象型的表现方法，是现代广告创意活动中的主要倾向之一。也就是说，在现代广告主题的创意表现上，越来越多的广告主和广告公司并不以广告的具体形象表现为主调，而在某些时候更多地采用抽象式的内涵来表现。这种创意一旦展示在社会公众面前，从直观上难以使人理解，但一旦加以思维整合之后，就会发现广告创意的确不凡。

广告创意并不局限于以上所列出的类型。还有解说型、宣言型、警示型、质问型、断定型、情感型、理智型、新闻型、写实型等，而且这些创意类型也不能截然分开，有时一则广告会交叉使用好几种创意类型。在进行广告创意活动时，均可根据实际情况采用（图3-16）。

图3-16　抽象型广告

图3-16：将眼镜的结构进行重新变形整合，将眼镜造型抽象化设计，镜片向两侧延展，在表意上匪夷所思，从而提升消费者的关注度。

★补充要点

广告设计中曲线和直线的对比

曲线富有柔和感、缓和感；直线则富坚硬感、锐利感，极具男性气概。在自然界中，皆由这两者适当混合。平常我们并不注意这种关系，可是，当曲线或直线强调某形状时，我们便有了深刻的印象，同时也产生相对应的情感。故为加深曲线印象，就以一些直线来强调，也可以说，少量的直线会使曲线更引人注目。

3.2　广告创意手法

如果说广告创意是现成的真理，那么创意手法就是产生广告创意的方法。创新思维是广告创作的灵魂和根基，广告创意策略则是创新思维的生动体现，同时也是催生新颖想法的有效途径。

3.2.1　头脑风暴法

头脑风暴是指组织专家、学者、创意人员和其他人员，召开特殊的会议——动脑会议，使与会人员围绕一个明确的会议议题，共同思索，互相启发和激励，填补彼此知识和经验的空隙，从而引发创造性思维的连锁反应，以产生众多的创造性思维。这种方法简易、有效，因而运用十分广泛（图3-17）。

头脑风暴法一般可分为以下三个步骤。

1. 确定议题

动脑会议不是制定广告战略或决策，而是产生具体的广告创意。因此，议题应尽量明确、单一，越小越好。比如，设计一句广告口号，构筑一条企业理念等，越是简单具体，越易于产生创意。

会议主持者提前两天将题目通知与会者，以备其预先思考、准备。与会人数以10～12人最为理想，主持者是会议成功的关键人物，他必须幽默风趣，能够控制全局，为与会者创造一个轻松又充满竞争的氛围。

2. 脑力激荡

脑力激荡是整个智力激励法的核心，也是产生创造性思维的阶段（图3-18）。激荡时间一般在半小时至一小时之间。在脑力激荡时，必须遵循以下四条基本原则。

（1）自由畅想原则。要求与会者大胆敞开思维，排除一切障碍，无所顾虑地胡思乱想、异想天开，想法越新奇越好。

（2）延迟批评原则。这是极关键的一条原则，即动脑会议期间不允许提出任何怀疑和反驳意见，无论在心理上，还是在语言上都不能批判否定自己，当然更不能批判否定别人。违反了延迟批评原则，自由畅想便失去了保证。

（3）结合改善原则。即鼓励在别人的构想上衍生新的构想。只有这样，才可能引发群体思维的链式反应，产生激励效果。

（4）以量生质原则。没有数量就没有质量，构想越多，获得好构想的可能性就越高。因此，构想不论好坏，一律认真记录下来，最好当时就记录在黑板上。

3. 筛选评估

在动脑会议上，常常会涌现出众多的想法，然而其中不乏质量不高的情况。有些想法平淡无奇，缺乏独创性；还有些则离奇古怪，难以付诸实施。面对这样的情况，可以按照科学性、实用性、可行性和经济效益等多个指标来综合评价这些创意，从众多的想法中筛选出一两个相对优秀的方案。这个过程就像是在一片繁花丛中寻找一朵最美丽的花朵，需要我们用心去感受每一朵花的独特之处。如果创意还不够完善或者理想，可以进行第二次智力激荡，以进一步完善创意。一般来说，每隔两三天再进行一次激荡效果较好。

尽管头脑风暴法在时间效率和成果产出方面具有显著优势，但其局限性也不容忽视。例如，广告创意的质量和深度往往受限于与会者的知识储备、实战经验和创新思维能力；对于那些富有创造力且善于深入思考的设计者来说，他们在这种集体讨论的环境中可能难以充分发挥自己的优势。此外，严格禁止批评的原则可能会给想法的筛选和评估过程带来一定困扰（图3-19）。

图3-17 头脑风暴广告创意

图3-17：铺装一半的广告座椅具备强烈的互动性。它以一种人们常接触到的方式，将广告信息传递给观众，让人在入座和起身时接受品牌宣传。这种互动性能够增加广告的吸引力，使观众对品牌产生好感。

图3-18 头脑风暴创意

图3-18：采用鲜明的色彩、独特的构图和富有动感的画面，营造水面与水下两种截然不同的场景，突出视觉上的震撼。这种视觉冲击力不仅能够吸引观众的注意力，还能使广告信息深入人心。

图3-19　头脑风暴筛选评估

图3-19：人物舌头拉扯动作以幽默方式，将广告信息巧妙地传递出来，使人们沉浸于愉快氛围中时，无意间接收到品牌宣传。这样的趣味性不仅大大提升了广告的吸引力，同时也使人们对该品牌产生了积极的感情。

3.2.2　默写式头脑风暴法

默写式头脑风暴法是一种脑力激荡法，以“默写”代替“发言”（图3-20）。因规定每次会议由6个人参加，以5min为时间单元，要求每人每次提出3个设想，故而又称为“635法”。

举行“635法”会议时，先由主持人宣布议题（广告创意目标），解答疑问，然后发给每人几张“设想卡片”，每张卡片上标有“1、2、3”字样的号码，号码之间留有较大的空白，以便其他人能补充填写新的设想。在第一个5min里，每人针对议题填写3个设想，然后把卡片付给右邻，在下一个5min里，每一个人可以从别人所填的3个设想中得到启发，再填上3个设想。这样经过半小时可传递6次，产生108个设想。这种方法的优点是它不会出现因争着发言而压抑灵感、遗漏设想的情况，缺点是缺乏激烈的氛围（图3-21）。

3.2.3　检核表法

为了有效地把握创意的目标和方向，促进创造性思考，头脑风暴法的创始人奥斯本于1964年又提出了检核表法。用一张一览表对需要解决的问题一条一条地进行核计，从各个角度诱发多种创造性设想。检核表法简单易行，通用性强，并且包含了多种创造技法，因而有“创造技法之母”之称。

检核表法通常从以下八个方面进行检核。

1. 转化

这件东西能不能做其他用途或者稍微改变一下，是否还有其他的用途（图3-22）?

2. 适应

有别的东西像这件东西吗？是否可以从这个东西想出其他的东西（图3-23）。

图3-20　默写式头脑风暴法

图3-20：将头脑风暴过程能想象到的动物全部默写出来，围绕着广告产品摆放，形成多维互动，表现出汽车产品坚固耐用。

图3-21　采用“635法”创作的广告

图3-21：凝固在街头的指甲油雕塑，用简单粗暴，但很新奇的方式告诉你它干得有多快，十分立体的形象具有艺术性，让大家都被吸引。

图3-22 利用动物转化出童趣广告

图3-22：用充满童趣的方式把衣服叠出火烈鸟的形状，用绵密的泡泡和衣服的柔软来吸引用户购买。

图3-23 用家具表现舒适的生活

图3-23：沙发作为默默无闻的家具，却用它的舒适与陪伴，成了生活中最温馨的伙伴。把人和沙发融合在一起，体现沙发的舒适。

3. 改变

改变原来的形状、颜色、气味、形式等，会产生什么结果，还有其他的改变方法吗？这一条是开发新产品、新款式的重要途径。例如，服装行业在款式、面料、颜色、制作方法等方面花样翻新；饼干在味道、颜色上进行改变，可以开发出苏打饼干、夹心饼干、辣味饼干、怪味饼干、奶油味饼干等多种产品（图3-24）。

4. 放大

放大包括尺寸的扩大、时间的延长、附件的添加、分量的增加、强度的提高、杂质的添加等。例如，电冰箱从单门到双门，甚至三门等。

图3-24 用LED改变后

图3-24：用直白的方式展示出它的原料，果汁是水果的精华所在，它将水果中的营养成分完美地融入了一杯清澈的液体中。看着新鲜的原料就让人很有购买欲。

5. 缩小

把一件东西变小、浓缩、袖珍化，或是放低、变短、省略会有什么结果？这能使人产生许多想象。

6. 代替

有没有东西可以代替这件东西？有其他成分、其他材料、其他过程或其他方法可以代替吗？例如，人造宝石可以代替真宝石，视觉上相差无几，但价格相差上百倍，从而产生了人造宝石项链、人造宝石戒指等，物美价廉。

7. 重组

零件互换、部件互换、因果互换、程序互换会产生什么结果呢？例如，在时装创新上，把“口袋”装在袖子上、把围巾系在腰上等。

8. 颠倒

正反互换怎样？反过来怎样？互换位置怎样？例如，蛇是环绕曲线行走，公交车是直线前行，现在颠倒过去，将蛇缠绕公交车直线行走，突出新颠倒的新奇感（图3-25）。

3.2.4 卡片式头脑风暴法

1. 会前准备阶段

明确会议主题，确定3～8人参加，每人发50

图3-25　“颠倒”法广告

图3-25：利用立体逼真的印刷，借助巴士这一载体直观地向所有人展示了蟒蛇的强劲力道，将动物的“野心”以摧毁巴士这一现代文明标志的形式呈现了出来。

张卡片，桌上另放一些卡片备用，会议时间大约一小时。

2. 独奏阶段

会议最初的5min由与会者各自在卡片上填写设想，一卡一个设想。

3. 共振阶段

与会者依次宣读设想（一人只宣读一张），宣读后，其他人可提出质询，也可将启发后的新设想填入卡片。

4. 商讨阶段

最后的20min让与会者相互交流和探讨各自提出的设想，从中再诱发新的设想。

此法的优点是与会者准备充分，允许质询、提问，有利于相互启发和激励。

3.2.5　组合法

组合法是将原来的旧元素进行巧妙结合、重组或配置以获得具有统一整体功能创造成果的创意方法。在广告创作领域，“旧元素、新组合”的创意理念更是深入人心，无处不在。

创造学家认为，组合是创造性思维的本质特征，世界上一切东西都可能存在某种关联性。通过巧妙的组合，便可产生无穷的创意。

组合法主要有以下四种类型。

1. 立体附加

这种组合是在产品原有的特性中补充或增加新的内容（图3-26）。

2. 异类组合

两种或两种以上的不同类型的思想或概念的组合，以及不同的物质产品的组合，都属于异类组合。例如，手表和项链、日历和收音机等。异类组合的特点是组合对象（思想或物品）原来互不相干，也无主次关系，参与组合时，双方从意义、原则、功能等某一方面或多方面互相渗透，整体变化显著（图3-27）。

图3-26　立体附加广告

图3-26：以雪山为背景，让我们知道要敢于追求更多、勇于挑战自己是实现人生价值的重要途径。

图3-27　异类组合广告

图3-27：广告的高度抓人眼球，传达的信息是广告牌上的油漆桶都有可能倒下来，灾难总在无意中发生。

3. 同物组合

同物组合即若干相同事物的组合，如“母子灯”“双拉锁”等。同物组合的特点：组合对象是两个以上的同一事物。组合后，其基本原理和结构没有发生根本性变化，但产生的新功能、出现的新意义，则是事物单独存在时所没有的。

4. 重新组合

重新组合简称重组，即在事物的不同层次上分解原来的组合，然后以新的意图重新组合。组合的特点是在一件事物上进行，组合过程中会增加新的东西，主要是改变了事物各组成部分间的相互关系。

3.2.6 联想法

联想法是由甲事物想到乙事物的心理过程，具体来说，就是借助想象，将相似的、相连的、相对的、相关的或者某一点上有相通之处的事物，选取其沟通点进行联结的方法。联想是广告创意中的黏合剂，它把两个看起来毫不相干的事物联系在一起，从而产生新的构想。

联想法是一种“有意而为之”的创造技法。一般来说，联想表现为以下几种情形。

1. 接近联想

特定时间和空间上的接近而形成的联想。例如，由傍晚联想到下班，由鸡舍联想到农田等（图3-28）。

2. 类似联想

在性质和内容上相似的事物容易使人产生联想。例如，由记者联想到公关人员，由汽车联想到火车。类似联想可以化抽象为具象，使人们更清楚地把握事物的特征（图3-29）。

3. 对比联想

在性质上或特点上相反的事物容易使人产生联想。例如：由黑想到白；由水想到火；由自私想到宽容；由燥热想到清凉。许多冰箱广告、饮料广告、洗涤用品、化妆品广告都是采用对比联想展开创意（图3-30）。

4. 因果联想

在逻辑上存在因果关系的事物往往能够引发人们的联想。例如，当我们看到某人成功时，往往会联想

图3-28　车灯接近联想广告

图3-29　类似联想型广告

图3-28：从车灯形态接近联想到酒杯，指出酒后驾车的危险。

图3-29：运用凡·高的名画《向日葵》，Shutterstock是个素材分享网站。设计师很多时候都在搬运素材然后二次加工创造新的东西，这则平面广告把网站功能表达得非常准确。

到他们具有出色的能力和才华；而当我们看到某件产品畅销时，则会联想到其质量和功能齐全。这种联想方法被广泛应用于广告创意中。通过联想，不仅能够发现无生命物体的象征意义，还能够找到抽象概念的具体表现，从而使信息更具刺激性和冲击力（图3-31）。

5. 虚实联想

虚实联想是将抽象的述说与具体的描写结合起来，或者是把眼前现实生活的描写与回忆、想象结合起来（图3-32）。

图3-30　对比联想型广告

图3-31　因果联想型广告

图3-30：用招手的动作隐喻“出租车”，而从超大蓬蓬头淡定的表情来看，这款奔驰出租车在空间上有绝对的自信。

图3-31：换个角度去描述麦片的优质。将勺子拟人化，让勺子都觉得，可以和POST麦片接触是件很浪漫舒服的事情。

图3-32　虚实联想型广告

图3-32：宠物商店创意广告用虚实联想把实体的猫猫和画在纸板上虚拟的场景相联合，把现实与虚拟的现象相结合。

★补充要点

广告设计中质感的对比

在日常生活中，也许很少听到质感这句话，但是在美术方面，质感却是很重要的造型要素。如松弛感、平滑感、湿润感等，皆形容质感。故质感不仅只表现出情感，而且与质量、格调休戚相关。在观察画家的作品时，常会注意其色彩与图面的构成，其实，质感才是决定作品风格的主要因素，也对赏析品位有强烈影响力。

3.3 广告创意训练

3.3.1 广告创意程序

对于广告创意训练的方法不能一概而论，要因人而异，但程序是必不可少（表3-1）。

3.3.2 放射性思维训练

1. 放射性思维概念

放射性思维源自于“放射”这个词，它象征着“向各个方向传播或移动”。这种思维方式从中心概念出发，向四周迸发出数十、数百、数千甚至数万个联想。这些联想涉及我们大脑中的每一个信息、每一种感觉、记忆或思想，甚至包括每一个词汇、数字、代码、食物等。

当我们将这些丰富的联想用图形的形式表达出来时，就形成了围绕中心概念的多个表达方式。这些表达方式可以呈现为不同的形状、颜色和纹理，每个表达都独一无二，呈现出放射性思维的独特魅力。

放射性思维在广告创意中起着至关重要的作用，它是最基础的思维方式之一。通过运用放射性思维，我们可以从一个简单的中心概念出发，创造出多种多样的广告形式和创意。这种思维方式能够帮助设计师突破常规思维框架，激发创造力，使广告更具吸引力和独特性。

2. 思维导图

思维导图又称为心智图，是表达放射性思维的有效图形思维工具，它简单却又极其有效，是一种革命性的思维工具。思维导图是放射性思维的自然表达，是一种非常有效的图形技术，是打开思路、挖掘潜能的钥匙。

思维导图有如下几个基本特征。

表3-1　广告创意程序

程序序号	阶段名称	方法
1	收集资料阶段	对生活中的事物要有兴趣，广泛了解各个学科的知识内容
2	分析资料阶段	对相关资料进行分析，寻找资料之间的联系，找出广告的主要诉求点
3	酝酿组合阶段	发挥创造力，通过对资料的分析、综合、整理和理解，努力发展一个有效的创意根基
4	产生创意阶段	对头脑中零碎、不完善的想法进行深入酝酿与推敲，形成相对完整的创意
5	评价决定阶段	对形成的创意进行评价、补充、修改，最终形成完善的广告创意

（1）注意焦点清晰地集中在中心词或中央图形上。

（2）主题的主干分出分支，从中央图形向四周放射。

（3）分支由一个关键的图形或关键词（卫星词）构成，相关话题也以分支形式表现出来，附在更细的分支上。

（4）用文字搭架，闪光点加入图形，图文互补，尽量准确地捕捉联想闪光点（图3-33）。

3. 训练步骤

（1）喷射式联想。确定中心概念后，快速地在这个词四周的引线上写出前数个联想到的单个关键词，不能停下来选词，要把进入脑海第一个词写下来，无论这些词是否很荒诞，都要创造充分的“自由联想”的环境和过程。

（2）深入联想。在写下的数个词当中的任何一个词中找到进一步的联想，把这个词作为卫星词，再做放射性联想。按照它的放射的本质，每个加到思维导图上的关键词或图形都可以自成一体产生无穷多的联想可能性，依次而下，接连不断。常见的“联想”有逻辑联想（因果、对比等）和形象联想。

（3）寻找关联。深入联想之后先暂停，仔细看所生成的众多想法，找出与众不同的新元素或令自己激动的亮点；在不同的枝节上，可能找到一定的联系，善于发现并将它们结合起来，可用不同颜色的笔标示出来。

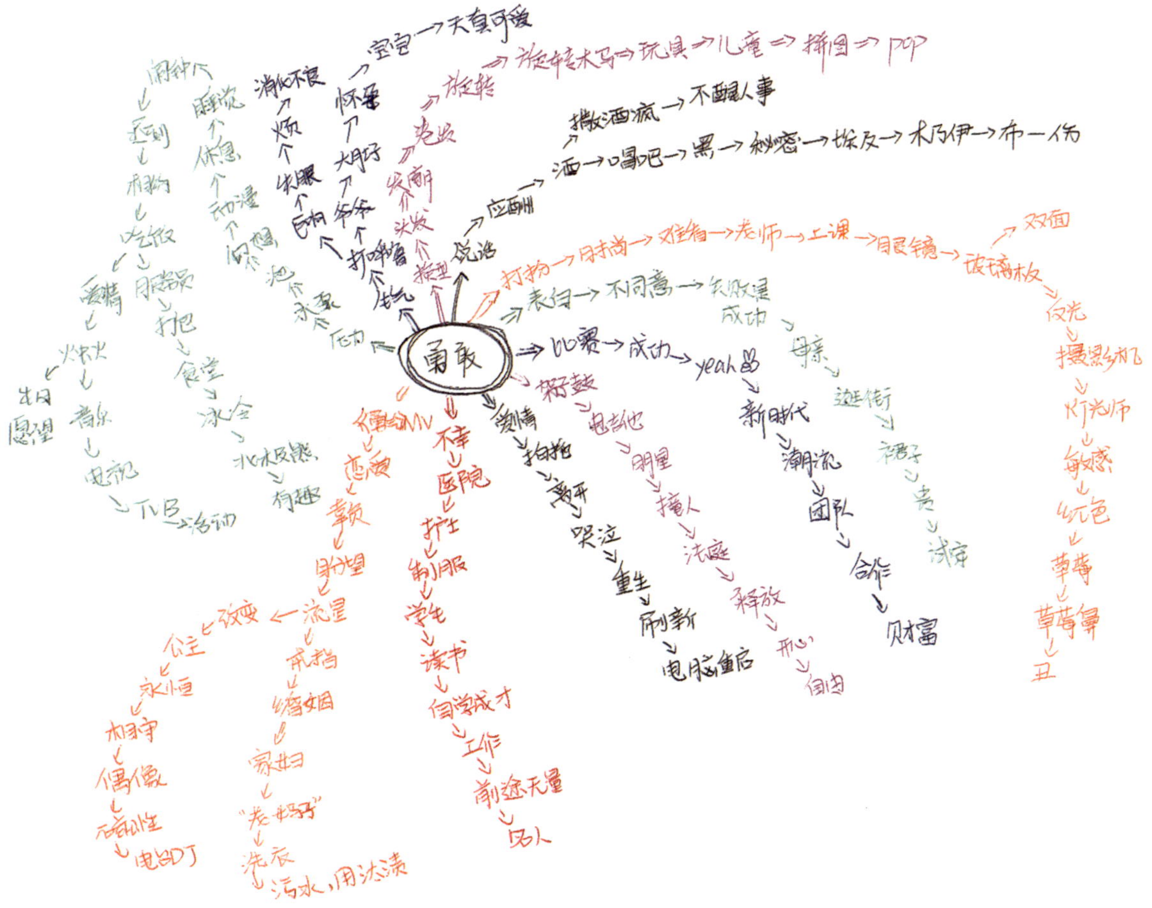

图3-33 “勇气”思维导图

图3-33：用思维导图的方式，以“勇敢”为中心词开始扩展，以文字或图形的方式表达，拓展出诸多词汇，运用这些拓展出来的词汇即可获得无限的创意。

（4）提出方案，画草图。把有价值的想法提出来，结合、围绕要解决完成的题目做进一步联想、完善，提出创意方案，完成草图设计。最后要注意两个原则：一是开发新元素原则，开发那些没被使用或没引起注意的元素；二是减法原则，即用最少的元素、最简洁的方式表达创意（图3-34）。

★补充要点

广告设计中形态的意象

一般的编排形式皆以四角形为标准形，其他的各种形式都属于变形。四角皆成直角，给人很规律，表情少的感觉，其他的变形则呈现形形色色的表情。例如成为锐角的三角形有锐利、鲜明感；近于圆形的形状，有温和、柔弱之感。相同的曲线，也有不同的表情，用仪器画出来的圆，有硬质感，可是徒手画出来的圆就有柔和的圆形曲线之美。

图3-34 “神秘”思维导图

图3-34：以“神秘”为卫星词，做放射性联想，找到一定联系，善于发现并将它们结合起来，用不同颜色标注，并完成图形和文字结合的画面。

本章小结：

广告创意策略是指为实现广告目标，对广告创意表现进行有计划、有步骤的安排。定位策略是广告创意策略的基础，通过对产品、品牌和目标受众的分析，确定广告的核心信息和传播方向。创意策略是广告创意策略的核心，通过独特的创意表现，传递广告信息，吸引受众关注。传播策略是广告创意策略的最后一步，通过选择合适的媒体和传播渠道，将广告信息传递给目标受众。

●课后练习

1. 如何理解广告创意的关联性?
2. 解释抽象思维方式。
3. 举例说明意向型广告创意方式。
4. 如何在广告中创造戏剧化情节？举例说明。
5. 头脑风暴法有哪些优势和劣势?
6. 什么是广告创意的联想法？举例说明。
7. 以“红砖”为例，解释如何进行放射性思维?
8. 科技创新是推动中国发展的重要动力。近年来，我国在科技创新方面取得了举世瞩目的成就。以“科技创新”为题，用检核表法的方式制作一则广告。

第 4 章

不同媒介的广告创意

学习目标：掌握网络广告、电视广告、手机广告的设计方法，并能进行独立设计。

学习难度：★★★★★

重点概念：网络广告、电视广告、手机广告

章节导读： 网络、电视、手机是现代生活必不可少的集中媒介，而作为信息传播的主要手段，如何将广告创意与各个媒介结合起来，也是需要学习的重点。通过本章的学习，能充分了解现阶段网络、电视、手机广告的基本概况，中间还有一些实际案例能帮助更好地理解广告在不同媒介的作用（图4-1）。

图4-1：把蔬菜拟人化，观察他们的动作神情和背景，就会被画面表达的故事吸引，并且在脑海里设想之后的情节走向。

图4-1　影视卡通广告

4.1　网络广告创意

4.1.1　网络广告概述

1. 网络广告定义

网络广告是指在互联网这个庞大的平台上，巧妙地将各类广告信息传递给广大网民的一种创新营销方式。通过运用网站的广告横幅、文本链接、多媒体等手段，网络广告在互联网空间中迅速传播，为广告主带来意想不到的效果。

与传统的四大传播媒体（报纸、杂志、电视、广播）以及备受关注的户外广告相比，网络广告具有得天独厚的优势，成为现代营销媒体战略中不可或缺的一部分。尽管迄今为止，网络广告的定义尚无统一标准，但顾名思义，我们将在互联网上发布和传播的广告统称为网络广告。网络广告是自互联网诞生以来，广告业务在计算机领域的新突破。随着互联网的飞速发展，人们与网络的接触越来越紧密，互联网已然成为继电视、广播、报纸、杂志之后的第五大媒体。其覆盖范围之广，使得在互联网投放广告意味着无尽的商业机遇。

网络广告既然有着如此大的魅力，我们就更应该设法了解它、掌握它，从而利用它来创造更多的财富。在这个信息爆炸的时代，网络广告以其独特的魅力和优势，成为广告主们争相追逐的新兴领域。它不仅能够精准地锁定目标受众，还能够实现实时互动和个性化定制，让广告效果更加显著。同时，网络广告的成本相对较低，让更多的企业有机会在这个广阔的舞台上一展身手。作为广告主和最终的广告客户，可能会对一些网络广告术语感到困惑，下面对网络广告相关的名词进行解释（图4-2）。

（1）Ad Views（广告收看）。网络广告所在页面被用户浏览的次数，一般以时间为单位计算。

（2）Banner（横幅广告）。横幅图像广告，通

图4-2　网络购物广告

图4-2：网络购物广告并不仅仅是一个简单的商品推销工具。它是一种新型的广告形式，是电子商务和网络营销的重要组成部分。通过网络购物广告，商家可以将自己的商品或服务以最直观、最生动的方式展示给消费者，从而吸引消费者的注意，激发他们的购买欲望。

常位于页面醒目处。色彩艳丽，常伴有动画效果，易给人留下深刻的印象。

（3）Click Throughs（点击次数）。网络广告被访问者点击浏览的次数。

（4）Click-through Rate（点击率）。网络广告被点进的次数与被下载的次数之比。

（5）Cost Per Action（每行动成本）。广告主为规避广告费用风险，只有在广告引起销售行为后，才按销售笔数付给广告站点（比一般广告价格更高的费用）。

（6）Hit（点击）。从一个网页提取信息点的数量。网页上的每十个图标，链接点都产生Hit，所以一篇网页的一次被访问由于所含图标数量、浏览器设置的不同，可以产生多次Hits。因此，以一段时间内有多少Hits来比较网站访问（点击）流量是不准确的（图4-3）。

（7）Impression（印象）。同于Page View，指用户要求网页的每一次更新显示，就是一次印象。

（8）Log File（访问流量统计文件）。由服务器产生的记录所有用户访问信息的文件。

（9）Unique Users（单独用户）。指在单位时间内访问某一站点的所有不同用户的数量。一般由访问的客户机确认，因此，通过一个服务器来的不同访问者都被认为是一个单独用户。

图4-3　网页广告

图4-3：网页广告的目的是通过吸引用户的注意力来增加品牌曝光度、促进销售和提高网站流量。为了实现这一目标，网页广告通常会采用各种创意和技巧来吸引用户眼球。

（10）User Sessions（访问量）。一个单独用户访问一个站点的全过程，即称为一个User Session；在一定时间内所有的User Session的总和称为访问量。

（11）Visit（访问）。用户点击进入一个网站，然后进行的一系列点击。网络数据以“数据包”的方式传送，而不是持续链接，当用户在超过系统规定的时间没有再次点击，则下一次点击将被认为是另一次访问。

2. 网络广告的背景

广告从它诞生的那天起，因其强调传播力的特性，就注定要把自己的命运与新科学技术连接起来。

因特网在美国问世之后，理所当然地引起嗅觉敏锐的广告人的注意（图4-4）。目前，网络广告越来越多，也越来越精彩，网络广告媒体的成长速度远远超过了传统广告媒体。

3. 网络广告特点

（1）网络广告的要素。网络广告是广告的一种，也蕴涵了广告的五大要素。

图4-4　网页弹出式广告

图4-4：网页弹出式广告是指当观众打开网页或进行某些操作时，突然从屏幕边缘、中心或者其他位置弹出的广告，就像是“浮光掠影”，虽然它会打断观众的浏览体验，但它们也是网络世界中传播效应较广的存在方式。

①广告主。发布网络广告的企业、单位或个人。任何人都可以在广告法规法律许可的范围内，自行上网或通过他人在网上发布各类广告。

②广告费用。上网发布广告所需的资金投入。

③广告媒体。网络广告的媒体，是指因特网（Internet）和万维网（World Wide Web）。这是一个利用网络便利高效地实现数据交换的系统，由Web服务器和Web浏览器共同构成，为网络用户提供了丰富多彩的多媒体界面。商业实体通过创建Web站点，在全球范围内提供24h不间断的在线服务。

④广告受众。网络广告的受众，即广告所指向的目标人群，是网络广告的核心。无论是在互联网上进行何种活动的人，都可以成为网络广告的接受者。

⑤广告信息。指网络广告的具体内容，即网络广告所传达的具体的产品或劳务信息。它可能是很多文字，也可能只是一句话或一个横幅（banner）、一个图标（button）。

上述五大要素，是网络广告的必备条件。网络广告是一种崭新的广告形式，有其自身的鲜明特点，也有其无限的利用价值（图4-5）。

图4-5　网页滚动式广告

图4-5：滚动式广告的设计通常非常简洁，以文字和图像为主。它们的目的是在最短的时间内传达出最重要的信息，从而吸引用户的注意力。因此，滚动式广告的语言通常都非常直接，充满了感染力。同时，为了增加广告的吸引力，许多滚动式广告还会使用动态图像、音频和视频等多媒体元素。

（2）网络广告的特点。在互联网尚未普及之前，人们主要通过电视、广播、报纸和杂志这四大传统媒体来获取信息。然而，这些媒体存在一些明显的缺点，例如，只能进行单向传播，强制性地发布广告信息，受众无法及时、准确地获取或反馈信息，只能被动接受。网络广告特点如下：

①传播范围广。网络广告的传播不受时间和空间限制，它通过国际互联网把广告信息24小时不间断地传播到世界各地。只要具备上网条件，任何人在任何地点都可以阅读。

②交互性强。交互性是互联网媒体最大的优势，它不同于传统媒体的信息单向传播，而是信息互动传播，用户可以获取他们认为有用的信息，厂商也可以随时得到用户宝贵的反馈信息。

③针对性强。分析结果显示，网络广告的受众是年轻、有活力、受教育程度高、购买力强的群体，网络广告可以帮广告主直接命中最有可能的潜在用户。

④传播效果易于控制。利用传统媒体做广告，很难准确地知道有多少人接收到广告信息，而在Internet上可通过权威公正的访客流量统计系统，精确统计出每个广告被多少个用户看过，以及这些用户查阅的时间分布和地域分布，从而有助于客商正确评估广告效果，审定广告投放策略，使广告主在激烈的商战中把握先机。

⑤实时、灵活、成本低。在传统媒体上做广告发布后很难更改，即使可改动往往也须付出很大的经济代价。而在Internet上做广告能按照需要及时变更广告内容。这样，经营决策的变化也能及时实施和推广。

⑥强烈的感官性。网络广告的载体基本上是多媒体、超文本格式文件，图、文、声、像并茂。可以使受众对某一感兴趣的产品了解更为详细，使消费者能亲身体验产品、服务与品牌。

网络广告的核心优势在于其独特的“互动性”和“传播力”。与传统媒体相比，网络媒体具有全方位的功能以及在品牌建设和市场营销方面的卓越能力。与此同时，作为一种实时互动的广告媒介，网络广告的营销效果也是可以量化评估的。与传统的电台、电视、报纸等广告形式相比，网络广告的优势表现得更加明显（表4-1）。

网络广告媒体具备先进的多媒体技术，拥有灵活多样的广告投放形式。目前全球网络广告的形式主要是以横幅式广告（Banner）出现。横幅式广告也叫“旗帜广告”，最常用的广告尺寸是486×60（或80）像素（Pixels），以GIF、JPG等格式建立图像文件，定位在网页中，大多用来表现广告内容，同时还可使用Java等语言使其产生交互性。

除此以外，还有按钮式广告（Button），定位在网页中，尺寸较小，表现手法较简单；邮件列表广告（Direct Marketing），利用网站电子刊物服务中的电子邮件列表，将广告加在每天读者所订阅的刊物中发放给相应的邮箱所属人。墙纸式广告（Wallpaper），将广告主所要表现的广告内容体现在墙纸上，并安排放在具有墙纸内容的网站上，以供感兴趣的人进行下载。赞助式广告（Sponsorship），广告主可对自己所感兴趣的网站内容或网站节目进行赞助。电子邮件式广告（E-mail），广告形式以Banner为主，广告体现在拥有免费电子邮件服务的网站上，广告会出现在个人邮箱的主页上。插页式广告

表4-1　网络广告与常规媒体对比表

媒体类型	时效性	互动性	更新速度	成本	选择性	传播范围
网络	无时差	高	随时	低	自主	全世界
广播	无时差	中	延迟	中	被动	区域
电视	无时差	中	延迟	高	被动	区域
平面媒体	延迟	低	延迟	中	被动	区域

（Interstitial Ad），又名“弹跳广告”，广告主选择自己喜欢的网站或栏目，在该网站或栏目出现之前插入一个新窗口显示广告。互动游戏式广告（Interactive Games），在一段页面游戏开始、中间、结束的时候，广告都可随时出现，并且可以根据广告主的产品要求为之量身定做一个属于自己产品的互动游戏广告。

4.1.2　网络广告运行

1. 网络广告收费模式和状况

（1）网络广告的收费模式。目前国际通用的广告收费模式是CPM（千人印象成本费）和CPC（千次成本计算单位）。

①CPM（Cost Per Thousand Impressions）。以广告图形被播映1000次为基准的网络广告收费模式。例如广告主购买20个CPM，意味着所投放的广告可以被播映20000次。媒体提供商比较偏爱这种计费模式。

②CPTM广告（Cost Per Targeted Thousand Impressions）。经过定位的用户按千次记录费用（如根据人口统计信息定位）（图4-6）。

（2）网络广告收入情况。根据国际上最为权威的Internet网络广告机构的调查统计，近几年全球网络广告的收入情况大幅增长。广告主在广告预算中的份额不断增加，这使得他们更愿意将资金投入到网络广告中。网络媒体的受众数量急剧增加，这意味着更多的潜在客户可以接触到广告内容。此外，网站的信

图4-6　CPTM广告流量统计

图4-6：企业和品牌推广的重要组成部分。不仅能够帮助企业了解广告的效果，还能够为企业提供宝贵的数据支持，以便更好地制定营销策略。这是衡量广告效果的重要指标，主要以每千次广告展示来计入费用。

息内容也变得更加丰富多样。无论是新闻、娱乐还是其他类型的内容，都能够吸引更多的用户点击和浏览。同时，娱乐内容也在不断丰富，例如在线游戏、短视频等，这些娱乐形式为广告商提供了更多的展示机会。

2. 网络广告方式

目前来说，网络广告的发布方式有多种，但是比较广泛应用的有以下几种。

（1）在别人的网站发布广告。这是目前最有效、最重要的网络广告方式。如果访问Sina、Baidu、Alibaba、Yahoo等站点，一定会发现上面有很多醒目、生动的Banner图形或文字广告，这是广告主借助这些知名网站投放的广告。这些媒体的特点是网站的访问率很高，日访问量一般在几万到几十万之间。这正是广告主所看好的（图4-7）。

（2）建立网站已经成为一种常见的互联网创业方式。最新统计数据显示，全球网站数量已经超过1亿个。然而，对于那些知名度较低的小公司来说，仅仅依靠网页广告来生存可能会面临一定的限制，因为它们很可能被局限于某一特定企业形象网站领域。

图4-7　网络Banner广告

图4-7：Banner广告是一种常见的在线推广工具。Banner广告可以包含文本、图像或视频，以传达特定的信息或促销产品。

从目前的网络媒体实践来看，如果一个媒体只能提供广告信息，而无法提供其他有价值的内容，那么它很难吸引到大量的访问者。即便是企业的形象网页，也需要在网站上提供一些非广告性质的信息（图4-8）。

（3）电子邮件广告。广告主可以建立自己的

图4-8　淘宝网中商家广告

图4-8：商家广告是一种独特的艺术形式。主要运用生动的描绘，将商品的特点和优势展现得淋漓尽致。例如，他们将一款柔软舒适的床上用品形容为“如云朵般轻盈”，让人感受到其带来的无尽舒适与惬意。又将一款时尚潮流的家具形容为“犹如夜空中最亮的星星”，令人为之倾倒。

客户电子邮件列表或者购买别人的邮件组广告，向这个邮件群组定期发送广告信息。采用此种方式做广告，切记不要引起受众的反感，以免起相反的作用。

（4）网上调查。主要包括专项调查与合作调查。

①专项调查。如有很多网上调查、有奖问答等。

②合作调查。由广告主和媒体合作，调查题目也各出一半。

3. 网络广告发布

虽然现在网络广告的收入增长很快，但竞争激烈，而访问量就意味着一切。在网络上，可以一分钱不花而大做特做广告。下面介绍一些广告发布技巧。

（1）在各搜索引擎登记（图4-9）。

（2）积极利用互换链接和页眉广告来提升站点的曝光度。可以相互放置广告，实现双方共赢的局面。这种做法既符合传统美德中的礼尚往来，也符合市场经济中公平交易、互利互惠的原则。在进行互换链接时，需要谨慎选择对方站点。应该确保访问者对站点内容感兴趣，这样才能最大程度地吸引潜在用户。因此，设计者应尽量选择那些访问人数多的网址作为链接交换的对象。

（3）加入广告交换网。想有更多的人来访问网页，加入一些优质的广告交换网是提高曝光度的重要途径之一。拥有自己主页的用户都有机会成为某个广告交换网络的会员。首先，需要向该交换网的管理员申请一个账号，并提交一幅展示您主页特色的图片。然后，该交换网会为您提供一段超文本语言代码，只需将其嵌入到您的主页中即可。这样一来，每当有访客光临网页，浏览器上便会显示一幅来自其他会员的广告图片。

（4）利用Banner 来宣传网站。Banner是充分利用网页制作中超文本链接功能而形成的，它通过浓缩广告语句和精美图形的结合，能够迅速吸引人们的注意力。只要受众看上一眼，哪怕是短短的几秒钟，Banner就已经产生了广告效果而点击Banner则是广告行为成功完成的标志（图4-10）。

4. 网络广告的效果检验

广告在网站上进行投放后，并不意味着万事大吉，还要对广告的效果进行监测，根据监测结果来判断是否达到了预期效果，以便寻找未来的改进方向（图4-11）。可以通过以下三种方式检测广告效果。

图4-9　搜索引擎推广

图4-9：搜索引擎推广，简单来说，就是通过搜索引擎来进行产品或服务的推广。这种推广方式的核心在于“关键词”。通过对关键词的选择和优化，使得用户在搜索引擎中输入这些关键词时，你的产品或服务能够出现在搜索结果的最前面，从而吸引用户的注意力，提高点击率。

图4-10　优秀网络广告

图4-10：它是通过各种在线媒体（如网站、博客、社交媒体等）向目标受众传递信息的一种广告手段。与传统的平面广告、电视广告等相比，网络广告具有更多优势，如更高的覆盖率、更低的成本、更灵活的投放策略等。

（a）斧头　　（b）扳手与抹布

图4-11　服务网站的广告

图4-11：MyHammer是德国一个服务网站，能帮助用户找到当地可靠的“专业人士”，完成杂工或建设者的任何工作。创意直观，英文中“需要帮忙”译为“Need a hand?”那就直接借你一双手！

（1）通过服务器的访问统计软件随时进行监测，目前有一些软件专门用于广告分析，可以生成详细的报表。广告主可以随时了解在什么时间，有多少人访问过载有广告的页面，有多少人通过广告直接进入到广告主自己的网址等。

（2）查看客户反馈量。可以查看Form的提交量和E-mail在广告投放后是否大量增加来测定广告效果。

（3）通过广告评估机构。监测网络广告效果还是一个全新的领域，迄今为止，我国网络广告监测机构正处于雏形发展阶段，民间很快会出现一些组织或机构。

5. 网络广告发展中存在的问题

目前，靠广告支持互联网站点是互联网经营的模式之一，然而缺乏对广告效果的衡量标准，却阻碍了Web广告的发展。标准的缺乏体现在以下四个方面。

（1）靠广告盈利的商业互联网站点，还没有测量访问量的准则。

（2）消费者对广告的反应也没有标准的衡量方法。

（3）没有最佳的媒体计费模式。

（4）互联网作为媒体的复杂性，也阻止了标准化的进程。

对于提供空间作业者刊登广告的网站而言，其主要功能是给消费者传递信息。由于符合“媒体”的特性，该网站也适用于消费者保护法中关于不实广告的规定。因此，应重视网络广告中的法律问题。

4.1.3　网络广告文案写作

1. 网络广告文案写作的发展

随着互联网时代的到来，互联网广告应运而生。与传统媒介相比，互联网广告具有许多独特的特点。首先，广告一旦发布，就能够迅速传播到世界各地，让全球网民随时浏览；其次，网络用户可以根据自己的兴趣和时间自由选择浏览广告，不受时间和地点的限制。此外，互联网广告还可以通过链接到其他相关网页，提供更多的信息和互动体验。

互联网广告信息有两个特殊的传达形式。一是语言文字在视觉传达过程中是可变动的，不仅大小形体、上下位置可变，而且在时间快慢和字体选择上也可以进行变化，这对文案写作提供了充分发挥的天地，也提出了更高的要求；二是广告信息的传达需层层递进，每一层面相互联系成为一个整体，如何吸引网民不断点击，层层深入，是文案写作时的一个难点（图4-12）。

网络中的网民大多为知识层次较高、从事信息活动的人群，其生活方式、价值观、消费观及其需求具有一致性。现有的Web技术使得特定的网络图标广告可以按网民的居住地点、行业、操作系统类型等来进行选择性投放，所以网络广告可以定向选择。交互性是网络广告媒体超越传统广告媒体的特征，使得网络广告具有双向交流的可能。可以采用访问广告标题来增加点击率，或用诱导性、号召性语言与形式，使访问者产生兴趣并令他们产生互动行为。

2. 网络广告文案的写作要求

（1）简洁精练的语言构成。因为大多数的站点都限制广告的长度，目前网上可供选择的广告位有限，再者受众在线阅读很难保持长时间的耐性。

（2）针对不同的广告站点选择不同的语言和表现形式。广告站点有国际性的与地方性的区别。不同国籍的访问者对广告文案的表现形式也有不同文化背景下的各自偏好。

（3）加强文案与图形之间的密切配合。由于动画技术的介入，许多网络广告都采用了动画形式。如果广告文案中要表现产品的特征，可用突出的字体、语言配音以及动态的图像。

（4）利用网络热点进行信息诉求。网络热点使网民的访问率上升，并成为他们的特殊话题，从而达到广而告之的效果。

图4-12　聚美优品网络文案

图4-12：聚美优品在网络上发布文字是一种艺术，也是一种策略。它是通过网络传播信息，引发讨论，甚至推动行动的重要工具。网络文案的好坏直接影响到信息的传递效果，甚至影响到整个网络营销的成功与否。

4.2　电视广告创意

4.2.1　电视广告概述

电视广告是信息高度集中、高度浓缩的节目。电视广告兼有报纸、广播和电影的视听特色，以声、像、色兼备，听、视、读并举，生动活泼的特点成为引人注目的广告形式。虽然电视广告随着电视节目微缩走向低迷，但是电视广告的录播形式逐渐转换到手机广告、互联网影视广告中，具有惊人的发展潜力。

1. 优势

（1）传播功能全、穿透力强。电视是集形、声、光、色于一体，且动态（演示）的媒介，吸引力强，电视广告处于“强制性”传播，因此具有很强穿透力。由于电视广告附于电视这个情感型媒介之中，电视的接触度带动电视广告的接触度。

（2）演示生动，诉求力强。电视广告是连续活动的影像，它可以通过演示各种技巧，从视觉、听觉上完美表现广告主题，突出诉求重点。通过影像演示可以使观众身临其境，理解并接受广告。

（3）观众面广，深入每个家庭。随着电视机普及，观看电视成为人们文化生活中的重要组成。电视广告也随之进入家庭，随时出现在节目中，广告影响大，效果明显。

（4）整合广告活动中的“龙头作用”。由于电视广告的优势，广告一经电视传播，易于带动其他媒介的广告认知，弥补其他媒介的不足。

2. 表现形式

电视广告与广播媒体一样，也是瞬时媒体，受众时电视广告所持的是“爱理不理，可有可无”的态度，要使电视广告成为面对面的销售方式，就要在创意方面加以努力，以独特的技巧和富有吸引力的手法传达广告讯息。

（1）故事式。用讲故事形式来表达商品与受众的关系，使受众产生共鸣。

（2）时间式。用纪录片或叙事手法，向受众交代时代进展与商品的关系。

（3）印证式。用知名人士或普通人士来印证商品的用途及好处，以达到有口皆碑的效果，但广告的技巧必须高明，否则受众会怀疑其可信度及真实性。

（4）示范式。用比较或示范的手法，表现出商品过人之处或独特的优点。

（5）比喻式。用浅显易懂，人所共知的比喻，引出广告商品的主题。

（6）幽默式。用幽默风趣的语言或手法，含蓄地宣传商品的特征，使受众在轻松愉快的气氛中领会与接受广告信息。

（7）悬念式。用悬念手法提高受众的注意力及好奇心，然后带出商品。

（8）解决问题式。将一个难题夸张，然后将商品介绍出来，提供解决难题的答案。

（9）名人推荐式。用知名人士来介绍推荐商品，利用他们的聚焦力和号召力，来影响目标受众的态度，刺激购买欲。

（10）特殊效果式。在音响、画面、镜头等方面加上特殊效果，营造气氛，使受众在视觉方面产生新刺激，留下难忘的印象（图4-13）。

4.2.2　电视广告应用

1. 特征

（1）特点。视听兼备、普及率高；更直接、更具有强制性；再现商品；易与收视者建立亲密感情。

（2）优点。普及率高、深入家庭。

（3）不足。时间受限；制作繁琐；费用高；不能详细解释和保存。

2. 程序

（1）创意。创意是广告内容的总体思路，它是靠艺术来传达广告信息的某种方式。优秀的创意具有

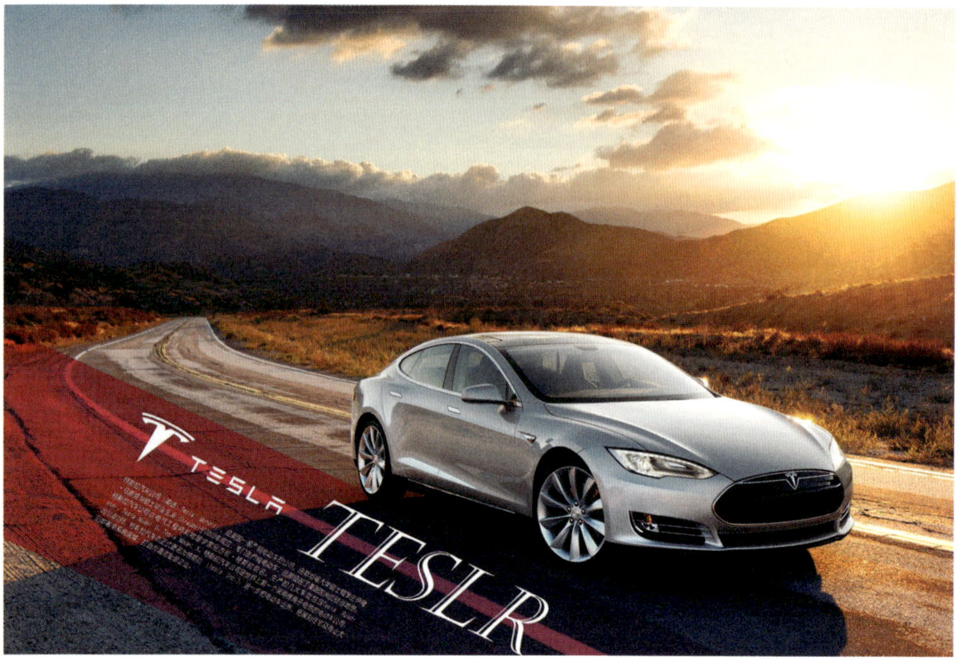

图4-13：最初的电视广告画面来源于平面招贴广告，主要将静态广告进行平移动画，形成动态画面。特斯拉电动车的平面广告画面的视觉美感好，直接用于电视广告中，虽然降低了广告的制作成本，但是表述文字过小，不便于短时间内阅读。

图4-13 特斯拉电视广告画面

原创性，同时又与宣传对象有关联性，它能引起观众的兴趣，产生视觉、听觉及心理的冲击，形成记忆，并最终促使消费行为发生。

（2）制作。一条电视广告，在创意通过后，就进入了执行阶段，也就是制作阶段。它是组织相关人员，使用相关技术设备，将创意加以实施并进行再创造，并最终形成符合标准的磁介质或其他介质的过程。

（3）发布。当电视广告制作完成后，客户就可以将母带交给发布单位进行最后发布了。发布单位可以是电视台、代理的广告公司、随片广告代理商或其他媒体出版发行单位。为了最大限度地发挥电视广告的宣传价值，需要根据产品的销售特点和目标消费群的收视取向，对发布的媒体单位、时段、持续时间、频率、发布方式等进行有针对性的选择。对于较大数量的发布业务，为对发布单位进行有效监督，可以委托专门的广告监播单位进行监播。为了了解电视广告的宣传效果，可委托专门的调查机构进行抽样调查。

4.2.3 电视广告发布

1. 发布形式

发布形式是电视台为客户提供播放广告的宣传方式，也是电视台广告经营项目和内容。它的目的是使客户更好地选择自己广告播出的时间，从而达到良好的广告效果。电视广告发布的主要形式有如下几点。

（1）特约播映广告。指电视台为广告客户提供的特定广告播出时间，客户通过订购这类广告时间，把自己产品广告在指定电视节目的前、后或节目中间播出的一种广告宣传方式。

（2）普通广告。指电视台在每天播出时间里划定的几个时间段，供客户播放广告的一种广告宣传方式。

（3）经济信息。是电视广告的一种宣传方式，是电视台专门为工商企业设置的广告时间段，是专门为客户宣传产品的推广、产品鉴定、产品质量咨询、产品联展联销活动，以及为企业和其他单位开业等方面做宣传服务的。

（4）直销广告。指电视台为客户专门设置的广告时间段。利用这个时间段专门为某一个厂家或企业，向广大观众介绍自己生产或销售的产品和商品。

（5）文字广告。只是在电视屏幕上打出文字并配上声音的一种最简单的广告播排方式。

（6）公益广告。是一种免费的广告，主要是由电视台根据各个时期的中心任务，制作播出一些具有宣扬社会公德、树立良好社会风尚的广告片。

2. 发布局限性

（1）制作复杂、费用高。电视广告需要导演、演员、摄影、灯光、道具、服装、作曲、演奏、播音、音响等诸多方面配合，经摄制、剪辑、合成等技术处理，制作费用高、周期长。播放时还须支付较高的播放费，因此费用昂贵。

（2）瞬间即逝，不易记忆。电视是时间媒介，每条电视广告仅30秒，由于时间短，画面连续出现，瞬间即逝，不易记忆。

（3）独立性较差、传播干扰大。电视广告一般均集中在节目前后集中播放，相互干扰大。电视频道多，选择性强，也影响电视广告收视率。同时由于接收的条件及电视覆盖面受电视天线、发射功率影响，广告覆盖面也受其影响。

（4）广告承载面相对狭窄。一些与一般大众消费无关的产品广告如生产资料等，观众反应淡漠，效果较差。

4.2.4 电视广告文案

电视广告中常常可以见到人物通过口头表达来传递广告文案的内容，这种方式包括人物独白、对话和旁白解说等多种形式。而当广告以歌曲的形式呈现时，它能够通过优美的旋律将广告文案传递给观众。

1. 文案特殊性

电视广告文案是广告文案在电视广告中的特殊形式，是以画面语言和声音为表现手段的广告传播形式。电视广告文案的非独立性决定了广告内容的非完整性。目前，电视广告片的各种常规时段有5s、10s、15s、30s、60s等。我们在选择电视广告文案的表现形式时，不仅要依据广告策略、广告信息内容、广告目标受众等情况，而且还要与时段的选择产生对应。

2. 写作要求

电视广告所独具的蒙太奇思维和影视语言，决定了电视广告文案（脚本）的写作既要遵循广告方案写作的一般规律，又必须掌握电视广告脚本创作的特殊规律。具体要求如下：

（1）电视广告文案的写作，必须首先分析研究相关资料，明确广告定位，确定广告主题。在主题的统率下，构思广告形象，确定表现形式和技巧。

（2）按镜头段落为序，运用语言方案描绘出广告画面，考虑时间的限制。因为电视广告是以秒为计算单位的，每个画面的叙述都要有时间概念。镜头必须在有限的时间内，传播出所要传达的内容。

（3）电视广告是以视觉形象为主，通过视听结合来传播信息内容的，因此，电视广告文案的写作必须做到声音与画面的和谐，即广告解说词与电视画面的“声画对位”。

（4）电视广告文案的写作，应充分运用感性诉求方式，调动受众的参与意识，引导受众产生正面的“连带效应”。为达到此目的，脚本必须写得生动、形象，以情感人，具有艺术感染力。这是电视广告成功的基础和关键。

（5）写好电视广告解说语。它的构思与设计，将决定电视广告的成败。广告解说语的种类包括画外音解说、人物独白、人物之间的对话、歌曲和字幕等（图4-14）。

4.2.5 成功电视广告赏析

下面列出比较成功的电视广告供参考（图4-15～图4-17）。

★补充要点

第一部电视广告

史上第一部电视广告是在1941年7月1日晚间2点29分播出的，由宝路华钟表公司（Bulova Watch Company）以9美元（约人民币71元）的价格，向纽约市的全国广播公司（NBC）旗下的"WNBC"电视台购买棒球赛播出前的10秒钟时段。当时的电视广告内容十分简单，仅是一部宝路华的手表显示在一幅美国地图前面，并搭配了公司的口号旁白："美国以宝路华的时间运行!"

图4-14 士力架广告

图4-14：以"当你饿的时候，你会变得不是自己"为核心创意点，拍摄了龙舟上的鼓手变成一个只会慢慢悠悠敲木鱼的"唐僧"。这时，队友适时递上一条士力架，"唐僧"咬上一口，立刻生龙活虎起来，变回精力十足的运动选手。士力架通过这一系列广告告诉大家"横扫饥饿，做回自己"。广告透过对饥饿造成的问题和后果进行描述，让消费者会心一笑，感同身受，不仅更有意愿去购买相应的产品，还能增强对品牌的好感与印象。

图4-15　奔驰AMG电视广告

图4-15：奔驰AMG的广告，一反往常，奔驰在2015年做了一个很炫酷的“自黑”动作。这种品牌肯放下身段进行自我调侃是一个很大的进步。为何说奔驰这次是主动黑自己呢，因为他们这次拍了一支“失败”的广告。一辆AMG GT 因为跑得太快，灵活地躲避开摄影师的镜头，于是，这支广告没法儿拍了！

图4-16　乔丹电视广告

图4-16：乔丹的运动广告采取了倒叙手法，从绝杀一幕逐帧闪回到比赛开始之前的时刻。故事没有过多渲染赢得比赛后的庆祝画面，没有炫酷的扣篮，有的是教练细心的部署、球员的汗水、坚定的眼神和渴望胜利的决心。广告的旁白揭示出，决定比赛胜负的关键，不仅是绝杀、技巧、观众喝彩或者教练指导，也不光靠拼劲或者训练，更重要的在于踏入球场前那个"胜由我定"的态度。

图4-17　方太油烟机电视广告

图4-17：方太油烟机的广告，方太的这一广告走了观众最喜欢的大反转路线，本以为是洗发水广告到结局突然反转，反正大家永远喜欢惊喜，所以方太用反转式结局给了观众们会心一击。

4.3 手机广告创意

4.3.1 手机广告概述

1. 手机广告发展

随着我国手机用户普及率的提高，手机作为一种新型媒体的应用价值也日益凸显。手机媒体拥有其他媒体无法比拟的优势，例如覆盖人群最广、传播成本比较低廉、可以最方便地把人们的零碎时间利用起来，并且能够极为快捷地传播信息。随着5G时代的来临，各种多媒体形式也将充分体现在手机上，这将给广告主更大的发挥空间（图4-18、图4-19）。

2. 手机广告的形式

目前的手机广告主要是短信息（SMS/MMS）广告和无线互联网（Mobile Web）广告两种。

（1）短信息（SMS/MMS）广告。短信息广告以极高的到达率在广告界独树一帜。然而，这种高侵入性的广告形式，如果过度使用，必然会惹人生厌，甚至常听到做手机营销产业的同事也抱怨收到太多的垃圾短信。如何解决这个问题？最重要的就是要让广告内容和用户相关起来。首要的解决之道就是许可营销，即不向用户发送未经许可的广告信息。设计师必须尊重用户的权利，只有在用户同意的情况下，才能向他们发送广告信息。这是一种对用户的尊重，也是一种对广告行业的规范。

（2）无线互联网（Mobile Web）广告。如果仅仅把传统互联网的广告模式搬到手机互联网上，那将大大限制设计师的想象力。与坐在椅子上用电脑上网不同的是，手机上网时往往是处在时间间隙和移动的状态中，用户比使用传统的桌面网络更加缺乏耐心，因为使用键盘的不便，也更迫切地需要便捷地找到信息。因此，手机网络广告的设计必须针对用户的使用习惯做出改变。例如，对于搜索过

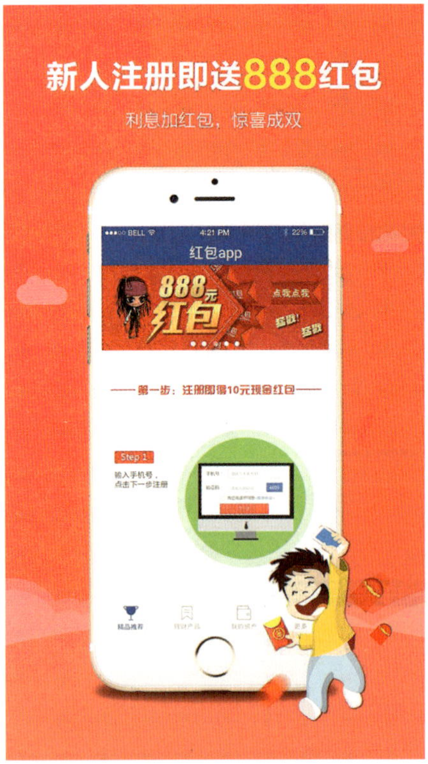

图4-18　手机注册广告

图4-19　手机产品广告

图4-18：手机程序广告需要在有限的空间内，尽可能地传达出产品或服务信息。注册广告应极力引导观众点击，通过红包来吸引点击量。

图4-19：手机产品广告是在手机上运行的一种广告形式。它们通常以横幅、插屏、全屏或视频的形式展示广告产品，这些产品出现在各种应用程序中，如社交媒体、游戏、新闻应用等，能吸引用户的注意，引导他们点击或者下载相应的产品或服务。

某个关键词的用户，可以投放与之相关的广告；对于经常浏览某个领域的用户，可以投放该领域的广告。这样，广告才能真正满足用户的需求，提高广告效果。

4.3.2　手机广告运营

1. 手机广告形式

（1）横幅广告。是最普遍的移动广告形式，一般在App界面的顶部或底部出现，有静态图、GIF图、文字链，也有多帧图片滚动的动画图（图4-20）。

（2）公告。在电商类或社区类App的首页，公告样式的广告位特别多，下图是京东商城App首页截图，京东快报就是公告，有时也称为小喇叭。广告信息不断滚动播放（图4-21）。

（3）插屏。插屏广告在游戏类或视频类App较为常见。插屏广告也分静态图和GIF图，一般都是精准广告推广形式，视觉冲击力更强，广告效果更好。广告效果与用户体验一般成正相关，插屏广告比banner的广告效果好、收益更高，但比较影响用户

★补充要点

手机视频广告与手机程序广告

1. 手机视频广告

手机视频广告应当在商业化和用户体验中取得平衡。目前普遍接受的观念是互联网视频长度约为几分钟，限制在15s以内比较合适。而且手机短视频广告只能是采用片前广告的形式，因为片后广告毫无疑问会有高比率的用户停止播放。对于可以插播多段广告的手机电视节目来说，到底多长时间的广告、内容比是用户能够接受的还是个未知数。

2. 手机程序广告

随着智能手机的兴起，手机程序，主要包括手机游戏和软件的广告潜力也开始显现出来。可以采取广告支持的免费游戏、软件供使用者下载的模式。

图4-20　手机横幅广告

图4-21　手机公告广告

图4-20：手机横幅广告多嵌入功能性信息栏中，如天气预报App，最终目的是引导消费者产生行动，如点击广告、下载应用等。因此在创作广告时，要注重引导消费者产生行动。

图4-21：手机公告广告是一种简短、弹出式、针对性的广告，可以提高品牌知名度、增加销售量、提高用户参与度、扩大市场份额，非常适合小企业或初创公司进行宣传。

体验（图4-22）。

（4）全屏。全屏广告几乎每家App都用过。当用户打开APP时，以全屏方式出现3秒左右（一般可跳过），可以是静态图片，也可以是多帧的动画，也可以是Flash效果（图4-23）。

（5）富媒体广告。富媒体，是相对于图片类而言的，因为它具有动画、声音、视频或交互式信息传播方式。一句话概述：富媒体是一种信息传播方式，富媒体广告是指以这种传播方式来表现的广告形式。

（6）移动视频广告。在移动视频平台的视频开始之前都会看到一小段精准推送的短视频广告。允许观看几秒后跳过贴片广告是一种很聪明的选择，观众不喜欢却被强迫看，用户体验差，对广告主也没有收益。不如允许用户跳过，并且通过标记跳过时间点来判断用户对哪类广告更感兴趣，进而做到更精准的广告推送（图4-24）。

（7）信息流广告。信息流广告，常常在timeline上和正常的信息混在一起，不容易被识别，用户不知不觉中将广告阅读完了。常见在社交类App，例如朋友圈、微博、Instagram，还有资讯类App，例如今日头条、网易新闻等（图4-25）。

图4-22　手机插屏广告

图4-22：这种广告形式通常会在用户等待应用程序加载或执行某个操作时出现，当用户的注意力集中在应用程序上时，吸引用户的注意力，提高广告效果。插屏广告是一种比较侵入性的广告形式，通常会覆盖在应用程序界面上，让用户必须先关闭广告才能继续使用应用程序。

图4-23　手机全屏广告

图4-23：手机全屏广告是指通过手机屏幕展示的、以视频形式呈现的广告内容，具有高度的创意性、视觉冲击力和互动性，能够有效地吸引受众关注，传递品牌信息，提升品牌形象，从而达到营销目的。

图4-24　手机移动视频广告

图4-24：相较于传统的文字、图片广告，视频广告能够更生动、直观地展示产品和服务，因此更容易被用户接受。同时，手机移动视频广告可以利用碎片化时间，如在等待、休息等场景中播放，降低用户对广告的抵触情绪。允许观看几秒后跳过贴片广告是种很聪明的选择。

2. 与传统广告比较

与传统广告相比，广告投放精准、互动性强、传播速度快且成本低廉，还能进行个性化定制。但是传统广告更具有权威性，深度传播大，具有稳定的观众群体，且艺术性强。在未来，手机广告与传统广告将相互融合，取长补短，实现共同发展。尤其是在大数据驱动下，手机广告将更加注重与用户的互动，提高广告的吸引力。手机广告与传统广告各有优劣，但随着科技的发展，手机广告逐渐崛起，成为广告行业的新宠（图4-26、图4-27）。

图4-25　手机信息流广告

图4-25：信息流广告指通过手机屏幕展示的、按照信息流形式呈现的广告。它通常出现在各种应用软件（如社交媒体、新闻客户端等）的内容流中，以文字、图片、视频等形式展示。手机信息流广告最大的特点就是融入性，它与正常的资讯信息相似，让用户在浏览内容时不易察觉。这种广告形式不仅提高了广告的曝光率，还大大降低了用户的抵触情绪。

图4-26　汽车互动广告

图4-26：丰田ToyToyota亲子互动手机App广告。坐在后座的孩子手持iPhone就可与前座的父母一起“开车”了。只要开启手机GPS功能，小朋友（5~12岁）即可跟着实际车速，感受道路的每一个转弯，每一趟旅途都会透过地图记录里程数，最后连上Twitter与朋友一起分享。

图4-27　餐饮广告

图4-27：宣传该App将各色优惠券变身为一只只翩翩飞舞在城市各个角度的虚拟蝴蝶，通过下载ibutterfly App利用手机摄像头进行捕捉，根据各个地区的特点，蝴蝶的种类也有所不同，帮助服务、餐饮行业进行有效宣传。

本章小结：

广告作为商家推广产品、提升品牌知名度的重要手段，不断在各种媒介中涌现，争奇斗艳。从传统的报纸、电视、广播，到新兴的网络、社交媒体、移动应用，广告无处不在，形式各异。而广告创意，作为广告的核心竞争力，更是以其独特的魅力，吸引着消费者的目光。不同媒介的广告创意各有特点，但都遵循着一些共同的原则，如突出视觉冲击、强化情感诉求、结合场景等。广告从业者应根据具体媒介的特点，灵活运用这些原则，创造出更具吸引力的广告作品。同时，随着媒体技术的不断发展，广告创意也将呈现出更多的可能性和创新空间。

●课后练习

1. 简述电视广告的特点。
2. 电视广告的发布形式有哪些？
3. 手机广告市场未来前景如何？
4. 以电视广告为例，说明电视广告的性质和文案特点。
5. 举一例网络广告，谈谈它的文案写作特点。
6. 将几个手机广告进行对比，说出其优缺点。
7. 观察并思考手机或电视广告在中国建设过程中发生的变化，写出2～3篇300字的分析报告。

第5章

广告策划概论

学习目标：了解广告策划基础知识与类型，掌握广告策划方法，能独立进行编写广告策划文案。

学习难度：★★★☆☆

重点概念：广告策划概念、策划分类、策划方法

章节导读：广告策划是通过周密的市场调查和系统的分析，利用已经掌握的知识（情报或资料）和手段，科学、合理、有效地布局营销、广告战略与活动进程，并预先推知和判断市场态势和消费群体的需求，以及未知状况的结果。策划概念有五个要素：策划者、策划依据、策划方法、策划对象、策划效果。广告策划是现代商品经济的必然产物，是广告活动科学化、规范化的标志之一（图5-1）。

图5-1：以鲜艳明亮的颜色为主，把茄子拟人化，用相对活泼的方式来引出厨房广告。

图5-1　创意广告策划

5.1　广告策划概念与作用

5.1.1　广告策划的产生和分类

随着生产力的提高，社会生产关系也经历了深刻的转变。各类策划活动逐步走向深入、多元和复杂，竞争不再是策划的唯一目标，社会逐渐形成了只要有活动就必然有策划的格局，包括产品策划、促销策划、公关策划、体育赛事策划、CI（Corporate Image，组织识别）策划等。

现代策划已被广泛应用于各个领域。商业策划成为策划界的核心，并被广大企业广泛采用。公关策划、广告策划、CI策划、促销策划等各种策划方法纷纷涌现并不断发展。到了20世纪50年代末，企业对策划理念的应用达到了巅峰。与此同时，策划活动的形式和手段也发生了质的变化。在科技飞速进步和社会生产关系日趋复杂、知识信息不断膨胀的背景下，策划已经不再仅仅是个人智慧的体现，而更多地呈现出一种群体活动的特征。

5.1.2　现代广告策划

广告在最原始形态下，承载着最纯粹的“广而告之”目标。无论是古埃及刻在芦苇纤维上的悬赏寻找失踪奴隶的告示，还是我国古代酒馆外随风飘扬的旗帜和醒目的落地招牌，都出色地实现了广告“广而告之”的基本职能（图5-2、图5-3）。

随着商品经济的持续发展，广告逐渐开始受到策划理念的深刻影响。尤其是21世纪以后，现代广告的发展历程充分证明了策划不断被广告领域所接纳和融合的事实。

1. 广告策划概念与含义

策划在不断发展中逐渐显现出其丰富的含义，它

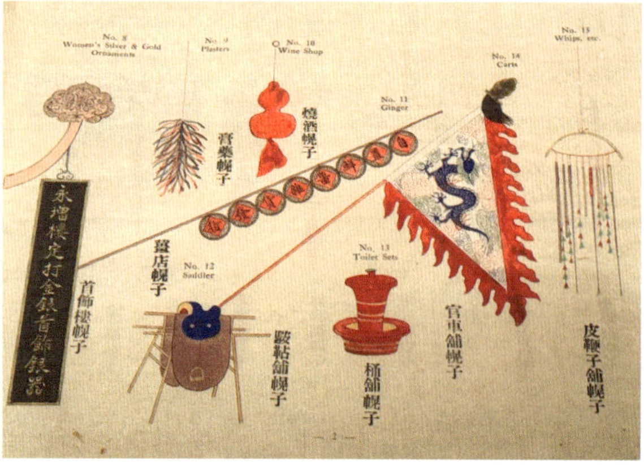

图5-2　民国初年书籍中记录的幌子广告

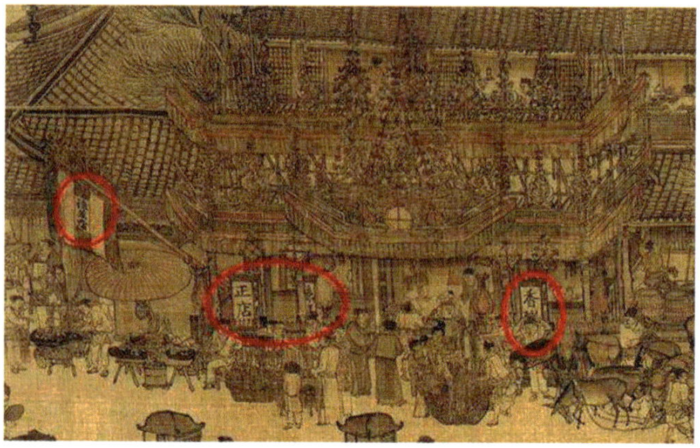

图5-3　古代绘画作品的广告

图5-2：从这本首都博物馆珍藏的书籍中，我们可以看到金银首饰楼、药铺、酒楼、官车铺、桶铺、鞍毡铺、皮鞭子铺等旗帜或招牌。

图5-3：画出了“马店”“脚店”“正店”等，马店是主要供马帮客人投宿的客店；脚店则是供人临时歇脚的小客店；正店喝酒就餐为主，可以看出正店的生意很好，店前人头攒动，并且正店的大楼很是气派。

有时被理解为实施某项任务时独特的思维方式或创新性的构想，有时又被视为实现某一可预见成果的具体行动计划。如果要用一句话来概括策划的内涵，或许可以这样表述：策划是为了实现特定目标，在深入调查和分析相关资料的基础上，遵循一定的流程，对未来的某项工作或事件进行系统而全面的预想、策划、制定和选择最合理可行的执行方案，并根据目标要求和环境变化对方案进行持续的优化和调整。

广告策划，就是根据广告主的营销计划和广告目标，在市场调查的基础上，制订出一个与市场情况、产品状况、消费者群体相适应的经济有效的广告计划方案并实施、检验，从而为广告主的整体经营提供良好服务的活动。

广告策划一般有两种形式：一种是独立性的，即为一个或几个特定广告进行量身定制；另一种是体系性的，即为一系列规模较大、连贯性强的广告组合进行系统性的策划。独立广告策划的魅力在于，它可以提升个别广告活动或设计的说服力，从而提高广告的实效性（图5-4）。

通过如上诠释，可以总结出广告策划包含的核心要素。

（1）广告主的营销策略是广告策划的根本依据。广告是营销组合的重要因素，直接为广告主的市场营销服务，因此广告策划不能脱离广告主营销策略的指导。

图5-4　公益广告策划

图5-4：既美观又实用，整个卡片是半透明的、加上背景的设计。以流浪宠物公益救助站宣传为主题策划，简洁明了，突出主题。

（2）广告策划有特定的程序。这种程序应该是科学规范的，以保证广告策划不是漫无目的的凭空设想和缺乏章法的随心所欲。

（3）广告策略应该提出广告运动（活动）的总体战略。停留在具体行动计划层次上的“广告计划”并不是广告策划。

（4）广告策划以市场调查为依据和开端。虽然广告主的营销策略已经为广告策划提供了依据，但是它仅仅来自广告主，还不足以显示由消费者、产品和

图5-5　成功的广告策划

图5-6　果汁广告

图5-5：在机场的候机楼内，使用现场感的生动背景和引人入胜的画面，加上明确LOGO和广告语来突出产品特征。
图5-6：给柔软蓬松的拳击手套覆盖橙子表皮材质图片，让消费者引发联想，蓬松的手套具有弹性，富含水分，表意舒适、饱满、真实，让果汁产品推广目标更明确。

竞争对手所构成的市场全貌（图5-5、图5-6）。

（5）广告的诉求策略、定位策略、表现策略和媒介策略是广告策划的核心内容。必须脱离平庸、与众不同，但又要具备产生实际影响的广告效果。

（6）广告策划的结果以广告策划文本的方式呈现。

（7）广告效果的测定方法应该在广告策划中预先设定。

（8）广告策划的目的是追求广告进程的合理化和广告效果的最大化。进程的合理化，就是广告运动（活动）要符合市场的现实情况并且能够适应市场的发展。效果的最大化，就是广告策划要提供能够产生最佳广告效果的策略和方案。

2. 广告策划作用

尽管广告策划包括广义的整体广告活动策划和狭义的单项广告活动策划，但在现代广告活动中，广告策划越来越多地被纳入到整个营销体系中进行考量。因此，在对广告策划的作用进行探讨时，不仅要充分考虑其在单项广告中的作用，更需要通盘考量，对其在整体广告活动，甚至在整个营销活动中的作用进行充分的客观的评估。广告策划的作用有以下几点。

（1）让目标更加明确。任何一个广告策划方案，都必须有一个明确的目标，各项活动都必须紧紧围绕这个目标展开，无论是单项广告活动策划还是整体广告活动策划，都能有效避免广告活动的盲目性。

（2）让效益更加显著。广告策划包括单项广告活动策划和整体广告活动策划，它衔接了企业的长远利益与短期计划，使短期策划的效果具有前后延续性，使长期整体策划的效果更具生命力。

（3）让广告活动更具竞争力。广告策划的过程始于深入的市场调查和详尽的分析，企业通过这一步骤能全面、科学地了解自身的内外环境以及竞争对手的情况，达到“知己知彼”的目的。在此基础上，企业可以制定出极具针对性的策略，发挥自身优势，避免短板，从而在竞争中占据有利地位（图5-7）。

（4）能提高广告业的服务水平。我国的广告业，自改革开放以来，方才迈出了蹒跚的第一步。真正的崛起与腾飞，是在20世纪90年代以后，策划的引入，宛如一股清流，给原先混乱无序的广告市场注入了新的生机。

3. 广告策划原则

作为科学活动的广告策划，其运作有着自己的客观规律性。广告策划必须遵循以下原则。

（1）统一性原则。要求广告活动各个方面的内

图5-7　加多宝的广告策略

图5-7：加多宝利用红罐凉茶包装，标明创始人“王泽邦”字样，让消费者知道他们之间的关系，进而巩固忠实消费者和忠实经销商。

在本质步调一致；广告活动的各个方面要服从统一的营销目标和广告目标，服从统一的产品形象和企业形象。没有广告策划的统一性原则，就做不到对广告活动各个方面的全面规划、统筹兼顾，广告策划也就失去了其存在的意义（图5-8）。

（2）灵活性原则。广告策划不仅需要统一性，更要具备灵活性，拥有能够调整和适应的余地。在充满变数的市场活动中，企业若想游刃有余并占得先机，就必须洞悉客观事物的发展、市场环境、产品情况等，广告策划也需要不断地调整和完善。如果只强调广告策划的统一性原则，而忽视其灵活性原则，那么广告策划将会变得僵化，出现与实际情况不符的情况（图5-9）。

（3）效应性原则。广告策划的目标是实现广告活动的经济效益和社会效益双丰收。广告费用作为企业生产成本的一部分，广告策划的职责就是确保企业的产出大于投入，实现盈利。广告策划不仅要关注社会效益，还需充分考虑长远效果。如果只追求短期利益，忽视了广告策划的长远影响，这种做法对企业来说是极具破坏性的。因此，在进行广告策划时，要努力实现经济效益和社会效益的平衡，确保广告活动的可持续发展（图5-10）。

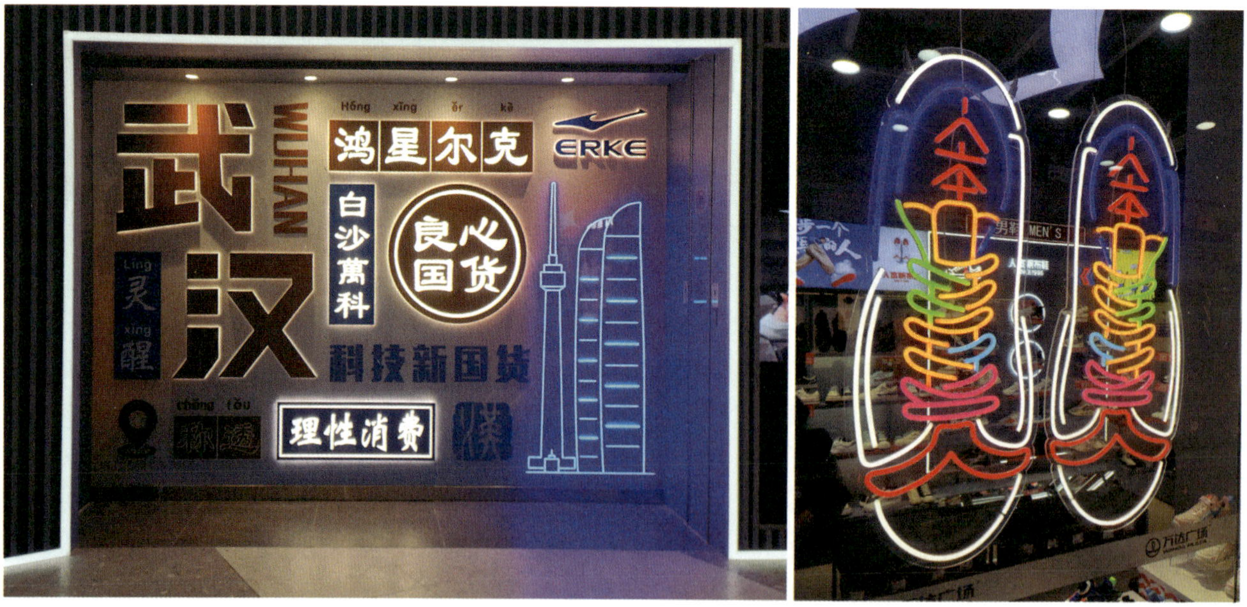

（a）照明背景墙广告　　（b）仿制霓虹灯造型广告

图5-8　鸿星尔克照明广告

图5-8（a）：鸿星尔克在每个商业综合体内统一设置的门店均会设计一处照明背景墙广告，标注出地名与商业综合体名称，便于消费者识别。

图5-8（b）：鸿星尔克店面橱窗上采用LED灯具仿制霓虹灯造型，将复古与时尚相结合，形成多店统一的视觉效果。

（a）花卉造型广告

（b）气球造型广告

图5-9　中庭广告

图5-9（a）：商业综合体会在不同促销时节设计制作花卉造型，为品牌商家促销广告提供便利，这类造型没有指定品牌，根据不同品牌商家出资获取。

图5-9（b）：气球广告的广告视觉承载面积更大，能满足多个商家同时推出的广告信息。

（a）瓶盖

（b）瓶体

图5-10　可口可乐广告

图5-10（a）：可口可乐一直秉持着“分享快乐，传递热情”的品牌理念，通过各种活动将快乐和热情传递给消费者。可口可乐，一个传承百年，享誉世界的品牌，以其独特的口感、丰富的口味和深刻的品牌理念，成为人们生活中不可或缺的一部分。

图5-10（b）：在碳酸饮料市场上可口可乐总是一副舍我其谁的姿态，可口可乐的广告语每几年就要换一次，流传下来不少可以算得上经典的主题广告语。

（4）可操作性原则。广告策划的每一个环节、每一个步骤都有严格的规定，使得整个策划过程具有可操作性。在具体实施广告策划之前，能够通过科学的程序对广告效果进行预测，如果广告活动达到了预期的效果，那么就意味着广告策划目标得到了圆满实现。反之，如果没有达到预期效果，可以根据广告策划的流程进行回溯，找出问题所在，或是环节的设定，或是策略的制定。如果没有广告策划，广告效果将会变得盲目，无法按部就班地实现预期目标（图5-11）。

（5）针对性原则。广告策划的过程虽然相对固定，但针对不同的商品和公司，其广告策划的具体策略和实施方式却各有差异。许多广告客户往往不愿让自己的品牌形象只针对特定的消费群体，他们期望自己的产品能够全面覆盖、满足各种人群的需求。一个品牌不仅要兼顾男性和女性的诉求，还要赢得上流社会和普通百姓的青睐。这种贪得无厌的心理往往导致品牌失去了独特的个性，最终在市场竞争中逐渐衰弱。在当今的市场环境中，一个企图迎合所有客户的品牌往往难以立足。同一企业在产品发展的不同阶段，也需要采取不同的广告策略，要根据市场状况、竞争态势、消费者需求、产品特性和广告目标的不同做调整（图5-12）。

以上五个原则是任何广告策划活动都必须遵守的，这五个原则不是孤立的，而是相互联系，缺一不可。这些原则不是人为的规定，而是广告活动的本质规律所要求的。社会经济的发展和理论的不断进步，都推动了广告策划的发展。

（a）触摸投影

（b）小屏显示器互动

图5-11　广告

图5-11（a）：运用红外体温感应系统来触发投影设备，在墙面装饰造型上投射出灯光效果，形成丰富的互动效应。
图5-11（b）：在广告橱窗的玻璃上镶嵌触摸屏，让消费者与服务销售进行互动，全面了解广告信息。

（a）运动主题

（b）歌星主题

图5-12　百事可乐包装广告

图5-12（a）：百事可乐具有丰富的文化内涵。作为一款引进品牌，百事可乐见证了中国软饮市场的蓬勃发展，陪伴了几代人的成长。在许多人心中，百事可乐不仅仅是一款饮料，更是对过去美好时光的回忆和对未来的憧憬。百事可乐以其独特的口感、卓越的品质和丰富的文化内涵，成为中国软饮市场的佼佼者。

图5-12（b）："新一代的选择"是百事可乐的经典广告语，在与可口可乐的竞争中，百事可乐终于找到突破口，从年轻人身上发现市场，把自己定位为新生代的可乐，邀请新生代喜欢的超级歌星作为品牌代言人，终于赢得青年人的青睐。一句广告语明确地传达了品牌的定位，创造了一个市场。

5.2　广告策划类型与方法

5.2.1　类型

根据不同的划分标准，广告策划可以划分为不同的类型（表5-1）。

1. 根据规模划分

（1）单项广告活动策划。相较于整体广告活动策划，单项广告活动策划更为简洁明了。活动范围可覆盖全国，或仅限于某一特定地区，甚至只是某一经销商；活动时间相对较短，可能仅在一年内，或一个月、几个月的时间；策划所依赖的媒体也较为简单，通常只涉及一种或几种媒体，无需过多考虑媒体整合（图5-13）。

表5-1　广告策划的类型分类

类型	划分
根据广告策划的规模划分	单项广告活动策划、整体广告活动策划
根据广告策划的目标划分	促销广告策划、活动广告策划、劝服广告策划等
根据广告策划的对象划分	B2B（business to business）、B2C（business to customer）

（2）整体广告活动策划。它与单项广告活动策划有所不同，单项策划仅关注某一特定部分或区域的广告活动，而整体广告活动策划则要求对整个广告运动进行系统规划和整合。广告活动涵盖了从市场调研、产品研究，到广告计划的制订；从广告创意的构思和制作，到媒体调查、媒体选择与组合；最终到广告效果的评估与测定的全过程（图5-14）。

2. 根据目标划分

任何一份广告策划，无论其复杂程度或执行方式，都必须围绕一个明确的目标进行。这个目标可以指引设计和实施整个广告活动，也可以用来划分单项广告活动。特别是单项广告活动，其目标更为直接和具体，因此可以根据目标的不同，细分为促销广告策划、活动广告策划、劝服广告策划等。这些不同类型的广告策划，各有其针对的目标，因此在策划所需的时长、预算和媒体选择等方面，也会有所不同。

就广告公司而言，广告策划业务进行了深度优化与提升。广告公司的主营业务涵盖了商业策划、政府形象策划以及社会活动策划等多个领域。CI策划、产品策划、公关策划等耳熟能详的策划类型，都是商业策划的重要组成部分。

图5-13 单项广告活动策划

图5-13：单项广告活动策划是指针对某一具体产品或服务，进行有针对性的广告宣传活动。在博览会活动中设计并搭建展台，围绕某一具体产品或服务进行策划，目标受众清晰，这是一种典型且有效的单项广告活动策划。广告内容紧紧围绕产品或服务特点，避免杂糅其他元素。

图5-14 整体广告活动策划

图5-14：整体广告活动策划是指针对企业整体品牌形象，进行系统性的广告宣传活动。广告发布会是一种整体广告活动，从企业整体出发，涵盖各个产品或服务。让广告风格、形象、传播策略保持一致。发布会能持续时间较长，有利于品牌形象的积累。

5.2.2　方法

广告策划有着严格的系统性，因此策划过程必须根据明确的步骤进行。广告策划的整个过程是一个严密的系统，各个部分前后相连，不仅要各司其职，更要通力协作，只有这样，才能很好地完成策划方案。

1. 广告策划阶段

通常来说，一个广告策划由以下几个阶段构成。

（1）分析阶段。市场调查，对营销环境、消费者、产品、企业和竞争对手的分析（图5-15）。

（2）规划阶段。制定广告目标，确定产品定位、广告诉求、广告创意表现、广告媒介、促销等一系列广告策略的研讨和决策，同时制订广告计划，确定费用预算，研讨并确定广告效果预算和监测的方法，撰写并对广告策划书进行修改（图5-16）。

（3）执行阶段。广告表现计划的实施，广告媒体计划的实施，其他活动的具体实施。

（4）控制阶段。广告效果的检测与评估，广告策划的总结。

2. 广告策划步骤

根据以上阶段，整个广告策划过程又可以具体细化为以下流程。无论是哪种类型的广告策划，都按这一流程进行，包括，组织准备、市场调研、战略规划、制订计划、实施与总结五个步骤。

（1）组织准备。成立广告策划小组。策划小组应由客户主管、策划创意、文稿撰写、设计制作、摄影摄像、市场调查及媒介公关等方面的人员组成。成立策划小组由集体智慧来完成广告策划工作，是广告策划活动由经验化向规范化、科学化发展的有效途径。规定工作任务，安排时间进程。

（2）市场调研。广告调研是广告策划的基石。这一过程涉及深入市场，收集各类信息和相关资料。其中包括对品牌及产品的深度调研，对品牌形象的综合考察，对消费者状况的全面分析，以及对竞争对手的详细评估（图5-17）。

（3）战略规划。这是广告的核心所在，通过对前期研究的深入剖析，作出关键且具有战略意义的抉择。广告策划的创意团队为核心，协同相关人员，对广告目标进行深入探讨，根据目标市场的策略，确定广告的定位策略和诉求策略（图5-18）。

（4）制订计划。将战略规划以具体而系统的形式对战略规划进行规范。首先，明确广告行动的时间和空间范围，并对媒体的选择和运用设定明确

图5-15　对手产品分析

图5-15：在竞争日益激烈的市场环境下，深入了解竞争对手的产品特点和优势，对于自身产品的改进和市场占有率的提高具有重要意义。通过对苹果产品的分析，我们可以发现其优势和不足之处，从而为国产产品的改进提供有益的借鉴。

图5-16　产品规划

图5-16：产品规划是指通过对市场需求的深入研究、竞争对手的分析和自身优势的评估，一般按年度和季节来制定出具体的产品开发和营销策略，以满足市场需求、提高竞争力、实现盈利目标的过程。

图5-17　苹果产品市场发布会

图5-18　制定战略

图5-17：一场以产品发布为主题的盛大活动。企业通过发布会向公众展示其最新的研发成果，传播品牌价值，寻求合作伙伴，扩大市场份额，为产品在激烈的市场竞争中脱颖而出奠定基础。同时也是企业与消费者、合作伙伴、媒体等各方进行沟通交流的平台，有助于建立良好的企业形象，提升品牌知名度。产品市场发布会是企业展示自身实力、拓展市场的重要途径。

图5-18：制定战略是企业赢得未来的关键。企业应当在明确愿景和目标、进行内外部环境分析的基础上，选择合适的竞争战略，并制订具体的实施计划和评估机制。

的限制。这包括找出何种媒体组合最为合理，以及广告的播放频率和所需的经费预算，以支持这种频率。接下来，编制一份详尽的广告策划文本，即策划书。这份策划书不仅是策划成果的集中展示，也是策划人员向客户解释并争取广告业务的文本依据。

（5）实施与总结。在实施与监控的过程中，广告策划团队精诚合作，各司其职，严格按照计划要求，对广告的创作与设计付诸实践，并通过媒体进行广泛发布。同时，对整个流程进行精细监控与适时调整。广告策划既是策略的体现，也是科学程序的运用，一个完善的广告策划周期包含多个不同阶段，每个阶段策划工作的对象、内容与目标各具特色。

★补充要点

广告创意文案使用数据应准确

广告创意上的文案使用数据、统计资料、调查结果、文摘、引用语等引证内容，应当真实、准确，并标明出处。引证内容有适用范围和有效期限的，应当明确表示。

5.2.3　广告策划书案例

根据上述内容列出两套广告策划书案例供参考。

1. 波司登羽绒服广告活动策划书

一、活动背景

波司登作为中国知名羽绒服品牌，一直以来都以其高品质的产品和良好的口碑赢得消费者的信赖。然而，随着市场竞争的加剧，以及消费者需求的多样化，波司登需要通过有效的广告活动来提升品牌知名度，扩大市场份额，增强消费者对品牌的忠诚度。

二、活动目标

（1）提升品牌知名度。通过本次活动，让更多的消费者了解波司登，了解波司登的品牌理念、品牌优势，以及波司登的产品特色。

（2）扩大市场份额。通过本次活动，吸引更多的消费者购买波司登产品，从而扩大市场份额。

（3）增强消费者对品牌的忠诚度。通过本次活动，让消费者体验到波司登的优质服务，增强消费者对品牌的忠诚度。

三、活动主题

“温暖你的冬季，波司登在行动”

四、活动内容

（1）线上线下同步推广。线上主要通过社交媒体、官方网站、电商平台等进行推广；线下主要通过商场、专卖店、户外广告等进行推广。

（2）明星代言。邀请知名明星作为品牌代言人，通过明星的影响力来提升品牌知名度。

（3）优惠活动。在活动期间，购买波司登产品的消费者可以享受到各种优惠，如满减、打折、赠品等。

（4）互动活动。举办各种互动活动，如摄影比赛、故事征集等，让消费者参与到活动中来，增强消费者对品牌的认同感和归属感。

五、活动策划

（1）线上推广。首先，在社交媒体上发布活动信息，通过精美的图片和打动人心的文字来吸引消费者的注意力。同时，也可以通过直播的方式，让消费者看到波司登的产品是如何制作的，让消费者更加信任波司登的产品。此外，还可以通过短视频、微电影等形式，讲述波司登的品牌故事，提升品牌的情感价值。

（2）线下推广。可以在商场、专卖店等地方设置活动展示区，让消费者亲身体验波司登的产品。同时，还可以在户外投放大型广告牌，让更多的人看到波司登的活动。

（3）明星代言。需要找到与波司登品牌形象相符的明星作为品牌代言人。明星的影响力可以帮助快速提升品牌知名度，扩大市场份额。

（4）优惠活动。设计各种优惠活动，让消费者在购买波司登产品的同时，也能感受到波司登的热情和诚意。

（5）互动活动。设计各种互动活动，让消费者参与到活动中来，增强消费者对品牌的认同感和归属感。

六、活动预算

根据活动内容和规模，预计本次活动的总预算为1000万元。其中，线上推广预算300万元，线下推广预算400万元，明星代言预算200万元，优惠活动预算100万元。

七、活动执行与监控

（1）活动执行。根据活动策划书的内容，制订详细的活动执行计划，分配好各项任务，确保活动的顺利进行。

（2）活动监控。通过数据分析和市场反馈，对活动的执行情况进行监控，及时发现问题，调整策略，确保活动的效果。

八、活动效果评估

（1）品牌知名度。通过市场调研和数据分析，评估活动的推广效果，看是否达到了提升品牌知名度的目标。

（2）市场份额。通过销售数据，看是否增加了新的用户，是否提升了用户的复购率，从而评估活动的市场份额。

（3）消费者忠诚度。通过消费者反馈和评价，看消费者是否对波司登有了更深的了解和认同，是否增强了消费者对品牌的忠诚度。

（4）总结。希望通过本次“温暖你的冬季，波司登在行动”的广告活动，能够有效地提升波司登的品牌知名度，扩大市场份额，增强消费者对品牌的忠诚度。通过精心的策划和执行，确保活动的成功，为波司登的发展注入新的活力。

九、风险评估与应对措施

（1）市场风险。如果市场环境发生变化，可能会影响活动的推广效果。对此，需要密切关注市场动态，及时调整活动策略。

（2）技术风险。如果在活动执行过程中出现技术问题，可能会影响活动的进行。对此，需要提前做好技术准备，确保活动的顺利进行。

（3）法律风险。如果在活动中出现侵犯消费者权益的问题，可能会引发法律纠纷。对此，需要严格遵守相关法律法规，确保活动的合法性。

（4）公关风险。如果在活动中出现负面舆论，可能会影响品牌形象。对此，需要做好公关工作，及时处理负面信息，维护品牌形象。

2. 小米汽车广告活动策划书

一、前言

随着科技的飞速发展，新能源汽车已经成为汽车产业的风口。作为国内知名的科技公司，小米集团一直致力于为消费者带来高品质的智能产品。近年来，小米集团开始涉足汽车行业，推出了小米汽车。为了让更多的消费者了解和认可小米汽车，我们策划了一系列的小米汽车广告活动，旨在通过创新的传播方式，让消费者深入了解小米汽车的产品特点和品牌理念，从而提升小米汽车的市场知名度和美誉度。

二、活动目标

提升小米汽车的品牌形象，树立小米汽车在新能源汽车市场的领导地位。

通过广告活动，让更多的消费者了解小米汽车的产品特点和优势，提高消费者的购买意愿。

增加小米汽车的销售额，实现市场份额的扩大。

三、活动主题

以“科技改变生活，小米引领未来”为核心主题，通过一系列富有创意的广告活动，展示小米汽车的科技感和未来感，传递出小米汽车致力于为消费者带来更美好出行体验的品牌理念。

四、活动内容

1. 线上广告投放

（1）视频广告。制作一系列富有创意的小米汽车视频广告，通过优酷、爱奇艺等主流视频网站进行投放，吸引消费者关注。

（2）社交媒体推广。利用微博、微信、抖音等社交媒体平台，发布小米汽车广告信息，与消费者互动，提高品牌曝光度。

（3）网络直播。邀请知名汽车博主、意见领袖参与小米汽车的试驾活动，通过直播的形式，让消费者更直观地了解小米汽车的性能和驾驶体验。

2. 线下活动策划

（1）试驾体验。在一线城市的商业中心、购物中心等地举办小米汽车试驾体验活动，让消费者亲身感受小米汽车的驾驶乐趣。

（2）品牌发布会。举办小米汽车品牌发布会，邀请媒体、意见领袖、合作伙伴等参加，共同见证小米汽车的诞生和发展。

（3）合作活动。与知名汽车杂志、汽车展览等相关机构合作，举办小米汽车专题活动，提高品牌知名度。

3. 公关传播

（1）媒体报道。邀请主流媒体对小米汽车进行报道，让更多的人了解小米汽车的品牌故事和产品特点。

（2）口碑营销。通过消费者的真实评价，传播小米汽车的优势和品质，提高品牌的口碑。

（3）危机公关。建立完善的危机公关机制，应对可能出现的品牌危机，维护品牌形象。

五、活动预算

根据活动内容和目标，制定详细的活动预算，包括广告制作费、活动策划费、公关传播费等，确保活动的顺利进行。

六、活动效果评估

为了确保广告活动的效果，要对活动进行全程跟踪和监控，通过数据分析、市场调查等方式，评估活动的投入产出比，为后续活动的优化提供依据。

（1）数据分析。通过对比广告投放前后的点击率、转化率等数据，分析广告活动的效果。

（2）市场调查。通过问卷调查、访谈等方式，了解消费者对小米汽车的认知度、购买意愿等情况。

（3）销售数据。关注小米汽车的销售额、市场份额等数据，评估广告活动对销售业绩的影响。

（4）品牌口碑。通过网络舆论监控、消费者评价等方式，评估广告活动对品牌口碑的影响。

七、总结

本次小米汽车广告活动策划书旨在通过一系列富有创意的广告活动，提升小米汽车的品牌形象，扩大市场份额。我们相信，在科技改变生活的今天，小米汽车一定能够凭借其卓越的产品性能和创新的品牌理念，引领新能源汽车市场的未来发展。

八、附录：活动时间表

以下是本次活动的详细时间表，以确保活动的顺利进行。

广告制作阶段：××××年×月–××××年×月

线上广告投放阶段：××××年×月–××××年×月

线下活动策划阶段：××××年×月–××××年×月

公关传播阶段：××××年×月–××××年×月

活动效果评估阶段：××××年×月–××××年×月

九、附件：广告素材、活动策划书等相关资料

为了保证活动的顺利进行，我们还准备了丰富的广告素材、详细的活动策划书等相关资料，供相关部门参考和使用。

总之，本次小米汽车广告活动策划书旨在通过一系列富有创意的广告活动，提升小米汽车的品牌形象，扩大市场份额。我们相信，在科技改变生活的今天，小米汽车一定能够凭借其卓越的产品性能和创新的品牌理念，引领新能源汽车市场的未来发展。

本章小结：

广告策划是一个涉及市场营销、传播、创意、策略和管理的复杂过程。它需要对市场有深入的了解，对目标受众有精准的洞察力，对创意和媒介有敏锐的判断力，对执行细节有严格的把控力。广告策划不仅是一门科学，也是一门艺术，它融合了逻辑思维和创意灵感，旨在通过广告活动来提升品牌知名度、影响消费者行为、促进销售增长。广告策划是广告活动成功的关键，它既需要科学的方法论，也需要艺术的创造力。

●课后练习

1. 什么是策划？应从哪几方面理解策划的含义？
2. 什么是广告策划？一个完整的广告策划包括哪两大要素？
3. 广告策划的特点是什么？
4. 广告策划的作用表现在哪些方面？
5. 广告策划应遵循哪些原则？
6. 广告策划的内容具体包括哪些方面？
7. 如何理解广告策划在整个广告活动中所处的地位？
8. 分析某一则成功广告案例的策划优点。
9. 分析某一则失败广告案例的策划失误。
10. 结合“党的二十大”学习主题，结合文明实践、文明创建、文明培育做一份广告策划。

第 6 章

广告市场调查与分析

学习目标：了解广告市场调查方法，分析广告营销环境与竞争对手，能对消费者与产品进行分析论证。

学习难度：★★★☆☆

重点概念：市场调查的方法、营销环境的定义和构成、消费者分析

章节导读：市场调查与分析为广告策划提供重要的前提及科学依据。通过本章学习，应明确市场调查与分析对广告策划的重要性，并掌握市场调查与分析的内容与技巧。广告策划中的市场调查与分析是一种技能性很强的广告活动，要根据实际案例结合学习（图6-1）。

图6-1：以彩虹七色作为亮点，在口袋里的曼妥思让沉睡的木乃伊都忍不住想占为己有，突出糖的美味。

图6-1　创意广告

6.1　广告市场调查

6.1.1　市场调查内容

随着生产力的大幅提升，社会生产关系也经历了深刻的转变。各类策划活动逐步走向深入、多元和复杂，竞争不再是策划的唯一目标，社会逐渐形成了一种只要有活动就必然有策划的态势。

调查成为所有营销活动的基石。只有通过客观科学的市场调查，才能为后续的营销活动提供科学客观的依据。市场调查是人们在解决某项产品的营销问题时，有意识地对市场进行深入理解和认识市场运行状况及运行机制的过程。这种对市场调查的重视并非一开始就存在，而是在市场营销的不断发展和完善中逐渐发展并走向成熟的。

6.1.2　调查目的与要求

广告市场调查的根本目标是推动产品的销售，其直接目标是确定广告活动的执行方案，而更为具体的目标在于全面理解市场经济的运行状况。

从执行的最终效果来看，市场调查作为一种工具，完全服务于整个营销策略。从广告运动的目标角度来看，市场调查作为广告策划和创新的依据，能全面提供各种广告决策所需的信息，推动广告策划者制订独特的广告目标和计划，包括确定广告对象、广告诉求重点、广告表现手法和广告活动的策略等。总的来说，市场调查的成果就是要适时推出有利于促销成功的广告策划和创意（图6-2）。

6.1.3　市场调查方法

广告公司开展市场调查的方法种类繁多，按照调查资料与信息的获取渠道，可分为间接调查法和直接调查法两种。

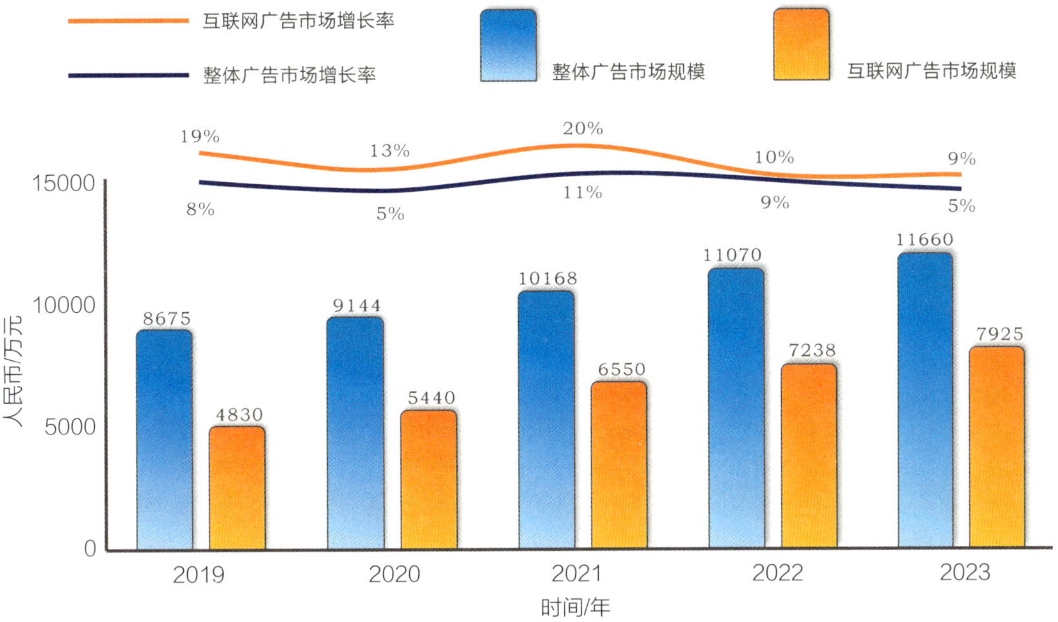

图6-2　广告市场调查分析图

图6-2：2019年至2023年整体广告市场规模和互联网广告市场规模的增长率对比。

1. 间接调查法

间接调查法是一种通过搜集大量历史和现实的动态统计数据，从而提炼出与市场调研主题相关情报的研究方法，也被称为二手资料法。尽管有人将二手资料法简单地理解为从书籍、报纸上获取的信息，但实际上，二手资料也可能源自访问和实验，只是它们是由其他人收集的，或者在本次市场调研之前就已经获取。只有在调研过程中，由调研实验人员亲自进行访问和实验收集的资料，才能被称为一手资料。在未充分分析二手资料之前，一手资料的收集工作不应盲目进行，否则可能会使市场调研工作误入歧途，严重时甚至可能导致调研的失败。二手资料可以分为内部数据和外部数据两大类。

（1）内部数据。内部数据是指来自企业内部的自有数据。这些数据有的可以马上应用，有的要经过调研人员的进一步处理才能应用。

（2）外部数据。外部数据主要有三类：一是出版物类，如商业年鉴、民间组织或协会的统计数据、政府部门的统计数据、报纸、杂志等；二是计算机数据库类，如网络查询、国家或地方统计局的数据库、各大型零售商的货物进出仓数据库等（图6-3）；三是专业信息公司，外部数据还可以向提供商业数据的专业信息公司进行购买，国内已有不少能提供这种商业数据的公司，其做法是对固定样本家庭的日常消费进行调研，形成一些基础数据，供企业和研究人员参考，我们称之为“数据公交车”。

2. 直接调查法

直接调查法能充分运用从间接调查中了解的信息源，这些信息源一般能提供大量有价值的信息。在实施直接调查之前，我们应该明确制订目标，比如，需要收集什么信息、需要用什么方法收集和测量、调研对象是谁、如何分析数据等。常用的直接调查方法有以下几种。

（1）市场普查法。市场普查法是以市场总体为调查对象的一种调查方法，这种调查方法的基本特点是具备全面性，相对稳定。市场普查法通常由专门的普查机构来主持，需要组织统一的人力和物力，确定调查的标准时间，提出调查的要求和计划，由于市场普查法的侧重点是宏观的，它本身包含着很多具体内容，因此它也是实际调查中运用较少的一种方法（图6-4）。

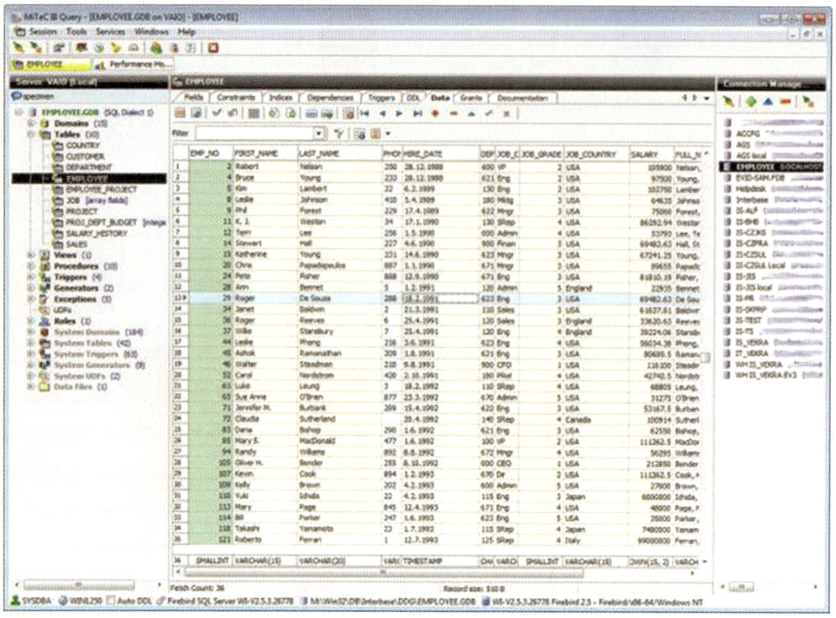

图6-3　数据库数据

图6-3：数据库数据就是存储在计算机数据库中的各种信息。它包括文字、图片、音频、视频等多种形式的数据，涉及各个领域和行业。

图6-4　广告市场调查

图6-4：广告市场调查是指对广告市场进行深入、全面、系统的研究，了解广告市场的现状、趋势、竞争状况、消费者需求和行为等信息，为广告主、广告公司、媒体等广告相关企业提供决策依据的一种市场调查活动。是一种科学的方法，通过对广告市场的数据和信息进行收集、整理、分析和解释，帮助广告相关企业更好地了解广告市场，从而制定出更加有效的广告策略和营销方案。

（2）抽样调查法。抽样调查法是根据概率统计的随机原则，从被研究的总体中抽出一部分个体作为样本进行分析、概括，以此推断整体特征的一种非全局性的调查方法。抽样调查法有三种常用的方式，分别是等距抽样、任意抽样和随机抽样。等距抽样是将准备调查的对象排列起来，设定等距离来抽取样本的方法。这种方式的优点是操作简单，容易实施，缺点是可能会因为样本排列的顺序而产生主观性。任意抽样即采取抽签的方法，将调查对象做成签混合后再随意抽取的方法。这种方式的优点是公正性较高，缺点是可能会因为抽签的过程而产生人为干扰。随机抽样是将调查对象编成号码，运用乱数表抽取样本的方法，这是最常用的一种方法。这种方式的优点是公正性和客观性都较高，缺点是操作过程较为复杂。

（3）典型调查法。典型调查法是市场研究中常用的一种策略，其优势在于能够高效地节省人力和财力，同时也能快速获取相关数据。这种方法的关键在于，调查人员必须对被研究的群体有深入的理解，以确保选择的样本具有代表性。如果样本选择不当，很可能会导致调查结果失去可靠性。以城市居民对自行车的需求为例，青年人和老年人的需求显然存在很大差异，因此，我们需要针对这两个群体分别选择典型的样本进行调查（图6-5）。

（4）随意调查法。研究者可以根据研究的主题和内容，自由选择调查对象进行深度研究。然而，这里所说的“自由选择”并非毫无约束，而是在符合研究目标的前提下进行。如果研究者希望了解公众对某款产品的反馈，可以在繁华的街区、大型商场、购物

图6-5　街头典型调查

图6-5：街头典型调查的调查对象要有针对性，在获取愿意接受调查的人群后，要认真对待，细致分析，设计全面、方便的表格，可代为阅读、勾选，以便节省时间，提高效率。

图6-6　电话访谈

图6-6：电话访谈是指通过电话进行的访谈。它是一种远距离、即时性的人际沟通方式，具有高效、便捷、低成本等优点。电话访谈广泛应用于各个领域，如新闻采访、市场调查、心理咨询、商务洽谈等。在这些领域中，电话访谈都发挥着重要作用，为人们提供了便捷、高效的沟通途径。

中心等人流密集的区域进行非定点调查。当然，这种调查也需要有选择性，在确定调查对象、调查时间或调查区域时，研究者应尽可能地考虑其代表性，以保证研究的准确性和全面性。

（5）访谈法。这是指调查者通过询问的方法获取所需资料的一种调查方法。访谈法具有三种主要形式：首先，人员走访是调查者直接访问被调查者，以此获取第一手资料和了解相关情况；其次，电话访问（图6-6）是一种迅速便捷的调研方式，通过拨打被调查者的电话进行询问。访谈法通常能够带来权威且精确的第一手资料，使调查内容更加深入。通过与被调查者进行直接交流，调查者可以更加详细地了解他们的想法、观点和经历。

（6）观察实验法。观察实验法涵盖了观察与实验两个重要环节。首先，观察法要求调查者亲临现场，对被调查对象的行为特性和实际情况做出详细描述。例如，调查者可以走进大型商场，实地了解某种商品的销售状况、推广策略以及消费者的购买行为等。观察法可以具体分为直接观察、痕迹观察和行为记录等技巧，其优势在于能够客观地记录事实的现状和发展过程，从而确保收集到的数据具备高度的准确性和可靠性。实验法侧重于通过小规模的实验来探究产品特性及其市场前景，进而掌握消费者的评价和意见。例如，想要了解消费者对某款新产品的看法，可以选择若干新款产品进行实验性销售，同时进行试销调查。实验法包括销售区域实验、模拟实验、购买动机实验等多种形式，其特点在于调查结果较为客观、准确，但实验周期较长，成本较高，且某些实验因素难以控制。在实际的市场调查过程中，选择哪种或者哪几种调查方法并无固定规则，需要根据具体情况进行灵活调整，才能获得科学、客观的调查结论。

6.1.4　调查问卷设计技巧

调查问卷设计技巧，是指具体运用市场调查方法来实现调查目的时所需的调查问卷，对获取全局准确的调查资料有很大帮助，而且往往是达到调查目的的关键（图6-7）。

市场调查的问卷设计从总体上讲应符合基本条件：问题必须简明扼要、有较强的信息涵盖量；问题要符合人们通常的逻辑思维进程，保证能获得对方答复；问题必须具有典型意义，能够代表一定阶段内市场发展的基本趋向；问题应便于评议、分析和综合说明。设计调查问卷是一项技术性很强的工作，除了要求具备以上条件外，还要注意概念的确定性，尽量避免一般性问题或与调查内容无关的枝节事项，避免对被调查者进行偏向性引导。

图6-7　市场问卷调查

图6-7：市场问卷调查的方法有很多种，如纸质问卷、在线问卷、电话调查等。市场问卷调查是了解消费者需求的有效途径。通过设计合适的问卷，收集消费者对产品、服务、价格等方面的意见和建议，企业可以更好地满足消费者的需求，从而提高产品的市场竞争力。

★补充要点

广告市场调查必须经常进行

市场本身就是一个千变万化，错综复杂的动态系统，这就要求市场调查必须有步骤地经常进行，没有市场调查就不可能及时地观察市场变化和市场出现的新情况、新趋势、新特点。企业也就不能及时采取应变措施，其结果不仅使得新产品难以打开销路，而且就算名噪一时，十分抢手的产品也会因此而逐渐失去竞争力，产品无法销售，所以必须确立市场调查的长远规划，建立适应的工作制度，真正发挥市场调查在营销广告策划与创意中应有的功效。

6.2　营销环境分析

6.2.1　营销环境定义和构成

营销环境是一个涵盖广泛的词汇，指的是影响企业市场营销活动的不可控制参与者和影响力。更具体地说，营销环境包括所有外在参与者和影响力，这些因素可以影响企业市场营销管理能力的发展和维护，进而影响企业与目标顾客的交易和关系。因此，营销环境可以定义为企业营销活动所涉及的潜在外部力量和相关因素的总体集合，这些条件可以影响企业的生存和发展。

1. 宏观环境

宏观环境是指影响企业市场营销微观环境的巨大社会力量，包括人口、经济、自然、科技、政治和法律、社会和文化等环境，它主要由一些大范围的社会约束力量构成（图6-8、图6-9）。

（1）人口环境。主要有人口规模、地理分布、年龄分布、迁移等因素。

（2）经济环境。包括宏观经济形势，如政府财政、金融情况；本行业在整个经济体系中的地位和行业特点；企业的直接经济环境；人均实际收入、平均消费取向、消费支出分配模式。

（3）自然环境。是指一个国家的自然资源与生态环境，包括生产的布局、人的生存环境、自然资源、生态平衡等方面的变化。

（4）科技环境。科技的发展使产品结构发生了巨大的变化，整个世界处在新的企业革命时期。

图6-8　人口经济居住环境

图6-8：经济环境是影响企业经营的重要因素。近年来，我国经济增速逐渐放缓，但仍保持在合理区间。在居住环境改革过程中不断深入推进，房价降低同时能促进居住消费升级，这是广告营销策划新的切入点。

图6-9 人口经济交通环境

图6-9：人口环境是国家基础建设发展的核心。随着我国人口结构不断发生变化，人口红利减弱，使得城市人口集中度较高，城市交通面临持续拥堵问题，广告营销策划可以从交通环境中获得新的媒介，提升广告推广效应。

（5）政治和法律环境。是指强制或影响社会上各种组织和个人的法律、政府机构和利益集团。

（6）社会和文化环境。是指社会结构、社会风俗、习惯、信仰、价值观念、行为规范、生活方式、文化传统等。

2. 微观环境

微观环境是指对企业服务及其顾客的能力直接构成影响的各种力量，包括企业本身及其市场营销渠道。企业内部环境、供应商、顾客、竞争对手和公众，都对企业的市场营销顺利有效地进行起着重要的作用。

（1）企业内部环境（图6-10）。企业是一个由各种职能机构组成的经济实体，如计划部门、财务部门、技术部门、供销部门、制造部门和后勤部门等，旨在实现盈利。企业的成功与否，在很大程度上取决于其内部各职能部门的协作及和谐程度，因为它们共同构成了企业的内部环境，并对企业的整个经营活动产生影响。

（2）供应商。是向企业供应其生产产品和劳务所需要的各种资源的企业，是企业的整个顾客“价值传送系统”中的重要一环。企业要进行生产，首先就要有各种原材料、燃料、辅助材料等供应作保障，供应商能提供企业生产产品及服务所需的资源。

（3）顾客。是企业的目标市场，也是直接营销环境中最重要的因素。顾客的变化意味着企业市场的获得或丧失。顾客市场可划分为消费者市场、企业市场、经销商市场、政府市场、国际市场这五种，企业应当仔细研究其顾客市场。

（4）竞争对手（图6-11）。大多数公司都无法

图6-10 企业内部环境

图6-11 产品竞争广告

图6-10：企业内部环境是指企业内部的物质、文化环境的总和，包括企业资源、企业能力、企业文化等因素，是企业生产经营活动的基础。企业内部环境分析与优化策略是企业在激烈的市场竞争中获得优势的关键所在。

图6-11：产品竞争广告，顾名思义，是指在同类产品竞争中，企业通过各种广告手段来宣传和推广自己的产品，以期在激烈的市场竞争中脱颖而出，赢得消费者的青睐和信任。

避免地会在现实或潜在的竞争环境中面临挑战。从消费者的需求角度来看，企业的竞争对手可以被划分为四大类别：第一是产品竞争者，这类竞争者生产的是与我们的产品相同，但规格、型号或款式不同的产品；第二是品牌竞争者，他们的产品与我们的产品在规格、型号等方面完全相同，但在品牌上有所区别；第三是平行竞争者，他们提供的是可以满足同一种需求的不同种类的产品；最后是需求竞争者，他们提供的是与我们的产品完全不同的产品，以满足不同的需求。前两类竞争者都与我们处于同一行业的竞争者，对于这些竞争对手，必须深入理解、仔细研究和积极应对。

（5）公众（图6-12）。是指对那些企业实现其营销目标具有实际或潜在利益关联和影响力的个体或群体。值得注意的是，公众对于企业的看法和态度会在很大程度上影响企业的营销活动。这种影响力既可能提升企业实现自身营销目标的能力，也可能对其形成阻碍。因此，对于企业而言，必须采取相应的策略和行动，成功地处理与主要公众的关系，争取他们的支持和偏好，营造一个和谐且宽松的社会环境。

6.2.2 企业营销分析要点

1. 营销的宏观制约因素

（1）宏观经济形势。宏观经济形势对企业运营具有重要影响。它涵盖了一系列因素，如宏观政策、市场环境和技术趋势等。在分析企业外部政治环境时，需要关注进出口政策、外汇和税收制度、国有化政策以及社会治安等因素。

（2）市场背景、政治环境、法律氛围以及文化底蕴。我国司法机关高效且廉洁，法律体系无歧视性并和国际接轨，知识产权保护机制健全，社会生活方式健康且开放，文化氛围积极向上。在此背景下，需审慎评估以下因素对产品市场的影响：是否存在有利于或不利于产品市场的政治因素；企业产品与市场文化背景是否存在冲突；是否存在有利于或不利于产品销售和广告的法律因素。

2. 市场营销环境中的微观制约因素

市场营销环境中的微观制约因素有企业的自身目标和资源、企业供应商与企业的关系、企业营销与企业的关系、顾客对企业和产品的态度及其实际的购买

图6-12 公众短视频广告

图6-12：公众短视频广告是目前最火爆的广告营销形式，每个人都能成为广告的主体，可以自己编导、拍摄、发布广告，形成完整的广告产业链并获得回报，公众对广告的态度也会由此发生变化，由以往的排斥到现在的接受，最终进行创新。

行为、竞争者的情况。

3. 市场概况

（1）市场的规模。包括整个市场的销售额、市场可能容纳的最大销售额、消费者总量及总的购买量，以上要素在过去一个时期中的变化及未来市场规模的变化趋势等。

（2）市场的构成。包括构成这一市场的主要品牌、各品牌所占据的市场份额、居于竞争优势地位的品牌、对本品牌构成竞争的品牌、未来市场构成的变化趋势。

（3）市场构成的特性。包括市场有无季节性、有无其他突出特点。

6.2.3 营销环境分析总结

对市场环境的各个要素进行深入分析，以揭示企业在市场上所面临的主要机会点和问题点。在分析各要素的过程中，仔细审查并评估，将有机会点和问题点的要素区分出来，并在总结时分别对待。对于那些既没有机会点也没有问题点的要素，忽略不计。而对那些具有机会点或问题点的要素，重新明确并强调它们的重要性。

1. 从市场需求角度分析

这主要包括消费者的需求、购买力、消费习惯等因素，这些因素将帮助了解企业产品或服务在市场上的受欢迎程度以及企业是否能够满足消费者的需求。

2. 对市场供应情况分析

这主要包括竞争对手的数量、规模、产品或服务的质量和价格等因素。了解企业在市场上的竞争环境，以及企业是否能够在竞争中脱颖而出。

3. 分析企业内部环境

这主要包括企业的资源、能力和核心竞争力等因素。了解企业是否有足够的能力来应对市场环境的变化以及是否能够利用自身的优势来抓住市场机会。

在分析完成后，对所有的要素进行总体审核，以确保没有遗漏任何一个重要的因素。通常，在广告公司中，这样的市场分析工作是由设计师完成的。广告设计师的职责全面，他们能够获取更多的市场数据，从而进行更有创意和针对性的广告策划（图6-13）。

（a）走道　　（b）办公区

图6-13　广告公司

图6-13：广告公司是一种专门从事广告策划、创意、制作和发布的专业服务机构。其主要目的是帮助客户提高品牌知名度、提升产品销售、塑造企业形象等。广告公司通常由一群具有丰富经验和专业知识的专业人士组成，为客户提供从市场调研、品牌定位、广告创意到媒介投放等全方位的服务。

★补充要点

市场调查人员必须有良好的素质

市场调查是一项长期的、艰苦的、复杂的工作，具体承担这项工作的人员素质能力不仅关系到市场调查的成败，也关系到广告策划思路能否取得实效，这就要求市场调查人员具备较高的文化素质、思想修养和良好的工作作风。因为市场调查者面对的是大量客观的市场信息，一个调查者应当懂得如何去搜集资料，去什么地方搜集资料，并有能力对资料进行及时的整理、分析和研究，所以具备一定对综合信息的决策能力和预测能力，是对市场调查人员最起码的要求。

6.3 竞争对手分析

6.3.1 竞争对手分析目的

在对企业自身状况进行分析之后，应该对竞争对手进行一番调查和分析，即“知己知彼，百战不殆”。对竞争对手进行分析的目的是寻求个体间的竞争优势。广告策划活动必须从广告主的视角出发，来捕捉竞争对手，并通过确认竞争者之间的竞争优劣势地位，判断其各自的市场竞争行为的原则，并以此来决定客户本身的市场反应策略。

为了确立自己相对于竞争对手的优势，明确客户的核心竞争力，找到成功的关键方向，可以直接将自己的竞争资源同竞争对手的竞争资源进行对比（图6-14、图6-15）。

通过表6-1对比分析，可明确获得关于“主要竞争

图6-14 并列摆放竞争

图6-15 广告语措辞竞争

图6-14：把广告牌强行插入其他汽车广告牌中间，用自己车型的小巧便捷凸显其他品牌车辆的笨重。

图6-15：竞争对手广告较量的意思是指在市场竞争中，公司或品牌之间通过广告宣传来争夺消费者的注意力和市场份额。这种广告较量的结果可以促进品牌知名度的提高，增加销售额，但也可能会导致负面效果，如品牌之间的冲突和消费者对广告的不信任。

表6-1　竞争对手分析考虑的因素

软件因素	硬件因素
市场占有率	产品质量、产品基本功能和附加功能
情感占有率	新产品开发
心理占有率	产品系列的宽度和深度
广告投放	细分市场的数目
产品/服务差异化（多样化）程度	生产能力
企业理念与形象	成本情况
研究开发的重心	能源和原材料供应
企业总部与分支机构所在地	财务状况
销售组织和销售渠道	营销工具使用
地域市场范围	分销渠道
品牌的数量	营销体系的规模与力量
纵向一体化程度	产品或服务的质量
技术领先程度	研究开发能力
成本结构和价格定位	设备水平
所有者结构	组织的规模
背景及关系资源（政府、银行等关系）	—

对手的优势是什么?”“主要竞争对手的弱点是什么?”等问题的结论。直接和竞争对手对比的确是比较简单和直接的方法。虽然各个企业的产品不完全一样，但对每个企业来说，都可以将自己的产品和竞争对手的产品进行比较，以便能够确定扩大或缩小市场的份额。

6.3.2　竞争地位分类

企业获取的市场竞争优劣势决定了各个竞争对手的市场地位。竞争对手的地位可以划分为四大类：市场领袖、市场挑战者、市场追随者和获取市场利基者。它们的市场地位和应用策略，如表6-2所示。

6.3.3　竞争对手情况分析

1. 竞争对手的市场情况分析

（1）竞争对手的历史背景。在确定广告战略之前，应该首先深入了解所有重要竞争企业的历史、品牌、企业文化、该企业以前遭遇过的关键时刻、该企业的重大失误和巨大成功。所有的新决策都会建立在企业的历史之上，广告公司应该善于研究那些历史。

（2）与竞争对手进行产品比较。直接和竞争对手进行对比的确是辨别竞争对手间优势、劣势的比较简单直接的方法。虽然行业中各个竞争企业的产品大多不同，但对每个企业来说，都可以将自己的产品和竞争对手的产品进行比较，以便能够确定扩大市场份额的独特方法（图6-16、图6-17）。

（3）竞争对手对市场发展趋势的关注。市场发展趋势是指来自其他行业的竞争，它有可能会给本行业的竞争方向带来一些影响。另外，竞争对手对这一市场发展趋势有何反应，将直接影响客户的广告策略的决策。

表6-2　不同竞争对手市场地位及策略

竞争对手地位	市场地位与应用策略
市场领袖	市场占有率最大者，在产业创新、经销渠道的拥有、价格调整以及促销运动方面，均居于行业、市场的领导地位，为同行确定指标、模仿、挑战的焦点
市场挑战者	市场占有率排名第二、第三、第四或第五者，具有强劲的竞争潜力，可以打正规战，是市场领袖所忧虑的对手。进可攻，退可守，运用自如
市场追随者	竞争中无意愿或无能力对市场领袖采取反击策略的企业，通常在战场上采取“追随模仿”市场领袖的行为，要比采取对抗策略更为经济与安全，尤其在产品同质性高，顾客不易分辨产品差异时
获取市场利基者	利基是riche的音译，其战略目标在于获取各个行业中具有专业性，较小型的市场区隔，这类专业型市场区隔通常被大型企业所忽视

图6-16　操作系统竞争广告

图6-17　饮料竞争广告

图6-16：将自己产业和竞争对手的产品进行比较，以便能够更加直观地看出区别。
图6-17：用擂台打拳的形式展示自己品牌和对手品牌站在对立面互搏，而自家品牌略胜一筹。

（4）竞争对手的市场现状。了解市场有一个基本的起点，就是找到竞争对手的市场成长状况、市场容量、市场竞争结构、通路结构等相关数据（图6-18）。

2. 竞争对手广告分析

在这个信息时代，多元化的传播手段如同繁星般点缀在我们的生活中。广告，作为其中的一种独特形式，已经成为企业在市场竞争中争夺消费者眼球的重要武器。因此，对竞争对手的广告作品进行深入的观察和分析，无疑将成为竞争中取得优势的关键。

（1）关注竞争对手的广告投放量。这是衡量其市场策略的一个重要指标，可以帮助了解其在市场中的影响力和竞争地位。同时，也需要对其广告投放的行程安排有所了解。这不仅可以预测其可能的市场动态，也可以为自身的市场策略提供参考。

图6-18　美国宾夕法尼亚州北部某快捷酒店内的活页广告栏

图6-18：在此酒店入住的宾客，可以了解该地区各种旅游产品与服务，折页广告既提供了丰富多元的信息，同时也是比较旅游产品的有效载体。

（2）深入研究竞争对手的广告定位。这是理解其市场策略的关键，可以帮助了解其目标消费群体和市场定位。同时，也需要关注其广告的诉求重点。这是揭示其产品特性和优势的重要线索，可以帮助在市场竞争中找到自己的优势和差异化。

（3）关注竞争对手的广告作品风格。这是体现其品牌形象和市场策略的重要方式，可以帮助在市场竞争中更好地理解和把握消费者的心理。同时，也需要关注其广告作品更换的频率。这是反映其市场策略灵活性和创新性的一个重要指标，可以帮助在市场竞争中更好地应对变化。

（4）关注竞争对手的广告投放媒体组合的特点。这是揭示其市场策略的一个重要方面，可以帮助了解其在市场中的影响力和竞争地位。通过以上的分析和研究，可以更好地理解竞争对手的市场策略，从而在市场竞争中找到自己的优势和差异化。

6.3.4　SWOT分析法

SWOT分析法是20世纪80年代初由美国旧金山大学的管理学教授韦里克提出，是进行竞争对手分析的最主要方法，其内容包括分析企业的优势（strength）、劣势（weakness）、机会（opportunity）和威胁（threats）。其中，S、W是内部因素，O、T是外部因素。

1. 优势与劣势分析（SW）

与竞争者企业处于同一市场时，我们把以下几种因素进行综合比较，扬长避短，创造自己的竞争优势。

（1）更高的赢利率或赢利潜力。

（2）人员状况。

（3）市场份额。

（4）产品的大小、质量、可靠性、适用性、风格和形象等。

2. 机会与威胁分析（OT）

企业对外部环境的机会与威胁可就以下各个环节进行相应的分析。

（1）环境发展趋势（包括政治、经济、法律、社会文化）。

（2）产业新进入的威胁。

（3）供货商的议价能力。

（4）替代品的威胁。

（5）现有企业的竞争等。

企业只有采取积极的措施才能生存。运用该方法可以全面地了解竞争对手的状况，发现市场的变化，更快地适应市场。

★补充要点

广告市场调查必须有目标地进行

广告市场调查能否成功主要取决于市场调查目标能否确立，市场调查的目标主题相关，派生出广告策划的主导思想，因而市场调查的最重要方式就是提出目标，更是以预测市场发展的趋向为目标，就会产生出不同的市场调查方案，依据不同的市场调查方案，构思新的广告方针和策略。

虽然市场调查目标有总体目标与具体目标的层次上的差别，但都要求和广告策划主题紧密结合起来，只有与市场调查的目的相关，才能有的放矢。采取广告的各种策略，也只有重视并抓住市场调查目标，才能使广告策划发挥其拥有的功效。

6.4　消费者分析

6.4.1　购买行为过程

从消费者的角度来看，消费者的行业程序可以分为以下五个阶段。

1. 唤起需求

消费者的购买过程是从唤起需求开始的。一个人的需求可以由内在原因引起，如饥饿而想到购买食物，这种需求为主动需求；也可能是受到外部刺激或诱导而唤起，如看到亲戚朋友买了大屏幕电视自己也想买，这为被动需求。主动需求的主观意识很强，而被动需求由于购买前没有成熟的购买目标，正是广告宣传的大好时机。

2. 收集信息

当消费者需求唤起并确立了满足需求的购买目标后，往往会着手了解和收集各种有关信息，以便进行评价比较，帮助自己作出决策。此阶段是广告宣传的最佳时机，此时广告的目的是建立商品、企业的声誉，强化消费者的购买信心，促使其指明购买或认牌

图6-19 消费者分析

图6-19：消费者分析是指对消费者的行为、态度、偏好和购买习惯进行研究，以便更好地了解他们的需求和期望，从而制定出更有效的营销策略和市场定位。

购买（图6-19）。

3. 综合评价

当消费者收集到足够的商品信息之后，就会对所有可供选择的商品进行分析对比和综合评价，从而缩小挑选的范围。这时候的广告，特别是终端售点广告，具有稳定信心、促进购买的心理功能作用。在消费者犹豫之时，提示性的广告能帮助消费者下决心。一个暗示或说明往往都能起到很大的作用。

4. 决定购买

当消费者对商品信息经过综合评价后，就进入决定购买阶段。一般来讲，消费者有三种类型的购买行为：第一是试购，即少量购买尝试新产品；第二是重复购买，对于熟悉的品牌再次或者经常购买；第三是连锁购买，即系列购买，指消费者购买主要商品后对附属商品的购买。

5. 购后感受和评价

购后感受和评价常常会作为一种经验反馈到购买活动的第一阶段，有助于作出新决策。

6.4.2 购买动机分析

消费动机是消费者在选购和消费产品时的心理动力，是驱使消费者产生各种购买行为的内在原因。对消费者的购买动机进行分析，有助于觉察和掌握消费者进行购买的真实意图，从而有助于在广告中进行有针对性的广告诉求。

在购买动机分析方面，美国心理学家马斯洛的“需求层次说”具有广泛的影响。他认为，人类的一切行动都基于需要，他将需要分为五个层次，并认为需求的满足是从低级到高级的，其中，生理需求是最低层的需求（图6-20）。

只有在基本需求得到满足后，才会追求更高层次

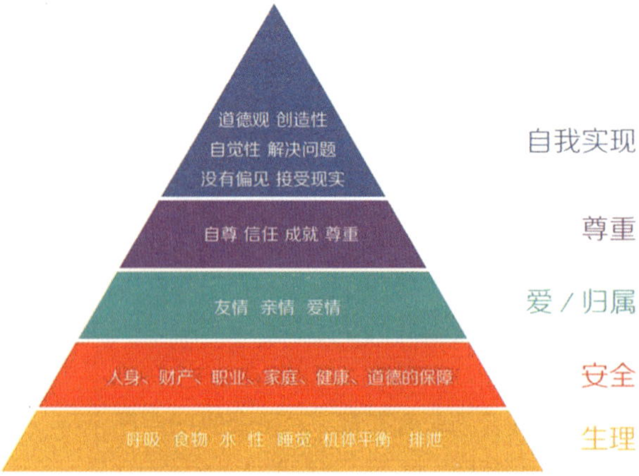

图6-20 马斯洛需求层次理论

图6-20：马斯洛需求层次理论是由美国心理学家亚伯拉罕·马斯洛提出的一种人类动机理论。该理论强调人的动机是由人的需求决定的，并且人在每一个时期，都会有一种需求占主导地位，而其他需求处于从属地位。马斯洛将人的需求分成五个层次，从低到高逐级形成并得到满足，这五个层次分别是：生理需求、安全需求、归属与爱、尊重需求和自我实现需求。

的需求。未满足的需求则是激发购买者行动力和动机的根本来源。然而，一旦某种需求得到满足，它就无法再对行为产生激励。马斯洛的理论在很大程度上与现实相符。然而，在日常生活中，人们的需求并非严格按顺序逐级满足，有时会并行。因此，这些需求层次并非一成不变，一种产品也可能同时满足多个层次的需求，需求本身也具有动态性。在制定广告策略之前，我们必须全面考虑这些需求和动机因素（图6-21）。

消费动机起源于消费需要，又包含着多种消费心理因素。对于广告策划影响较大的消费心理因素有以下几个方面。

1. 从众心理

从社会心理学角度看，从众心理就是由一个人或一个团体的真实的或是臆想的压力所引起的人的行为或观点的变化。

2. 求名、求美、求新、求廉心理

喜欢追求名牌或者吉利的商品名称；追求商品美感；追求时尚与流行，追求独具一格；喜欢实惠，买东西时讲求物美价廉。这些都是人们普遍的购物心理。

3. 逆反心理

逆反心理是客观环境与主体需要不相符合时产生的一种心理。其特征表现为认识的偏见、观点的极端、情绪的抵触、行为的盲从和放纵等。广告巧妙地运用逆反心理有时能起到意想不到的效果（图6-22）。

6.4.3　现有消费者分析

1. 现有消费者人口状况

从社会经济学和人口统计学的角度来看消费者的人口状况，主要是了解消费者的性别、年龄、民族、文化程度、职业、收入、社会阶层、家庭状况等情况，为人口细分打好基础，以便为广告选择目标市场。

（1）性别。性别的差异对于广告的影响几乎众所周知。比如：男性较为习惯于理性思维，而女性则较为习惯于感性思维；男性和女性对于某些商品的感觉完全不一样。

（2）年龄。随着人们年龄的增长，所重视的商品会有所改变，对于某些商品的看法也会有所改变，所以必须认识到产品所面临的年龄层次才能很好地进行诉求。

（3）地区。消费者的地理分布不同，对商品的需求会产生很大的差别。无论吃穿住行，对于城市消

图6-21　Patagonia“别买我”广告

图6-22　大众甲壳虫广告

图6-21：Patagonia外套的广告，在美国的黑色星期五（也就是传统意义上的销售高峰期开始的周五），其他品牌都在大肆做营销活动。但是这个品牌却推出了一个“反黑色星期五”营销活动，鼓励他们的消费者去维修旧物而非购买新品。Patagonia也因为打出不要购买这件外套的广告而出名。

图6-22：大众甲壳虫汽车广告，20世纪60年代的美国汽车市场是大型车的天下，大众的甲壳虫刚进入美国时根本就没有市场，伯恩巴克再次拯救了大众的甲壳虫，提出“thinksmall”的主张，借助广告的力量，改变了美国人的观念，使美国人认识到小型车的优点。从此，大众的小型汽车就稳执美国汽车市场之牛耳，直到日本汽车进入美国市场。

费者与农村消费者、南方消费者与北方消费者来说，其爱好、消费结构、消费水平都有不少差异，对广告的认识和接受也有明显差别（图6-23）。

图6-23 希腊冬季旅游广告

图6-23：希腊位于地中海，沿海地区季风气候温湿，冬季旅游气候干爽，是旅游广告投放的最佳时机。

（4）职业。不同职业的人有不同的消费观念，所以针对工人、农民、知识分子应该采取不同的广告策略。体力劳动者比较喜欢简洁明了、通俗易懂的感性诉求广告，而脑力劳动者则更易接受理性诉求的广告（图6-24）。

（5）民族。在漫长的历史发展过程中，各民族形成了不同的语言、文化和生活习惯，因此对消费品有着不同的爱好和要求，对广告信息有不同的评价标准。

（6）社会阶层。社会学家一般将社会阶层分为上层、中上层、中层、中下层、下层等。同属于某一阶层的人往往具有相近的态度、身份标志和消费模式。实际生活中，虽然不能那么呆板地将社会公众分为哪几个阶层，但在一定范围内找出一定社会阶层的共同特征，对于广告策划来讲还是大有裨益的。

2. 现有消费者的消费行为

消费者的消费行为涵盖诸多方面，如消费动机、购物时间、购买频次、购买量及购物地点。其中，消费动机起着至关重要的作用。消费动机，即消费者在挑选和消费商品时的心理驱动力，是推动消费者购买行为的关键因素。为何购买，为何不购买，都取决于

图6-24 职业装广告

图6-24：西装的细分品种较多，尤其是职业装，在服装产品营销过程中，要细分西装的款型与类别，适应不同职业消费者的需求。

消费者的心理需求。心理需求的特性表现为多变、多样和复杂。消费者在购买和消费产品过程中，其决策会受到两个方面的影响，即个人主观因素和外在客观因素。

3. 现有消费者的态度

现有消费者的态度应包括如下几个方面。

（1）消费者对商品印象及评价是怎样的？对本品牌的忠诚度是怎样的？对竞争者产品的忠诚度是怎样的？

（2）对本品牌的认知程度。

（3）对本品牌的偏好程度。

（4）对本品牌的指名购买比率。

（5）认为本品牌有哪些未满足的需求？

（6）对本产品最满意的方面。

（7）对本产品最不满意的方面。

6.4.4 潜在消费者分析

现有消费者是保持销售的主体，潜在消费者却能给企业带来惊喜。很多新的购买，都是由潜在消费者带来的，因此必须对这部分人群加以关注。这也是营销活动的重点之一。对潜在消费者的分析，可以从以下三个方面进行。

1. 潜在消费者的特性

对潜在消费者的特性进行深入剖析，包括消费者的总体数量、年龄层、职业类型、收入状况、教育程度及其地理分布。这些特性与前文所述的现有消费者分析有着显著的相似性，但由于这部分消费者群体较为隐秘，调查取证的难度相对较大。

2. 潜在消费者现在的购买行为

如今会选购哪些品牌的产品呢？对这些品牌有何看法？有无可能改变原先的购买计划？这种对购买行为的深入分析，对于企业来说，是进一步了解潜在消费者的重要环节。通过收集这些信息，企业可以揭示潜在消费者的购物习惯和对产品的理解，进而明确其主要竞争对手，并据此制定出极具针对性的营销策略。

3. 潜在消费者被本品牌吸引的可能性

对本品牌的态度是什么样的？他们需求的满足程度是什么样的？这是挖掘潜在消费者潜在购买热情的关键步骤。因为无论是对潜在消费者特征的了解或是对其现在购买行为的分析，都是为了实现一个目标——让潜在消费者把消费转移到自身产品上来。

6.4.5 消费者分析总结

消费者分析总结应包括如下几个方面。

1. 现有消费者的主要问题点

（1）现有消费者在消费能力上的分析。

（2）现有消费者对产品有无明显不满。

2. 现有消费者的主要机会点

（1）对本产品的偏好。

（2）购买频率提高的可能。

（3）购买量扩大的可能。

（4）影响他人的可能。

3. 消费者的机会点

（1）对其他品牌的不满。

（2）对本产品的态度。

（3）未满足的需求。

★补充要点

不仅要打动消费者，还要指导购买

当消费者被广告所打动时，广告就要起到它的另外一项重要功能——指导购买。广告常以完全相同的方式，向消费者多次重复同样的内容，它通过大力渲染消费或购买商品之后的美妙效果，利用大众流行的社会心理机制创造轰动效应，并给消费者明显的示范作用，指导人们的消费与购买行为。在指导购买的过程中，广告会告知消费者产品用途，产品的使用方法，产品的售后服务，以减少顾客的疑虑，激发更多的消费者参与购买。

6.5 产品分析

通过产品分析，搞清楚广告产品在品质、性能、价格上有何特异之处，在市场上处于哪一生命周期，主要销售对象是谁，产品所包含的个性内涵与精神意义是什么，然后才能确定产品在市场上的位置，确定产品的销售重点和广告诉求的重点，争取消费者的关注与青睐。所以，深入分析产品是现代广告策划中的重要一环。

6.5.1 产品形象分析

产品形象是较难把握的概念，因为它不仅是人们的主观观念，而且是由公众的主观观念聚集起来的。我们知道，任何产品都有满足社会生产和人民生活需要的使用价值，它的质量、性能、用途、商标等，能给人们带来某种好处，这一切构成了产品的价格，也就在人们的心目中形成了产品的形象。

一旦产品的形象在消费者心中确立，它就会在一定程度上摆脱产品的具体特性，呈现出两种状态。首先，当某种产品的品牌形象在消费者心中形成，它将拥有延伸性和惯性。人们对于产品的认知，虽然起源于某一具体产品，但这种特定的印象，并不会只局限于生成这种印象的具体产品，而往往会扩展到整个产品系列。除非这个产品系列的发展令人极度失望，从而严重损害了消费者心中的产品形象，否则人们会对该系列产品的一般缺陷采取相对宽容的态度，不会轻易摒弃已经形成的品牌印象。其次，消费者对产品的认知，并非仅仅局限于产品的各种具体特性。人们对产品的印象，还具有广泛传播的特性。它可以脱离最初形成这种印象的人，在社会上广泛传播。而且，这种产品形象通常只被评价为“优秀”“一般”或“不佳”，而不是对产品的各项性能进行具体的评估。

产品形象对于企业经营的重要性不言而喻，而广告策划则是塑造产品形象的关键手段。在广告策划过程中，策划者不仅要深入分析产品形象，找出产品的独特优势，还要通过创新的方式，将这些优势生动地展现出来，使广告具有更强的吸引力。这样，企业才能在激烈的市场竞争中立于不败之地（图6-25、图6-26）。

图6-25 维达产品广告

图6-26 狗粮广告

图6-25：维达是国内市场较稳定的生活纸类品牌，赢得了无数消费者的青睐，在广告中表述产品的吸水特性与坚固特性，进一步强化产品质量，广告营销理念始终围绕着实用性。

图6-26：宝路狗粮广告注重丰富时尚的产品理念，将电影《怪物公司》中的角色形象注入到广告中，带动品牌来引导儿童消费者为宠物狗购买狗粮。

6.5.2　产品物质特点分析

分析产品的物质特点，是产品分析的重要而具体的步骤。开展广告活动时，必须以产品的物质特点为依据确定广告诉求的重点。分析产品的物质特点，有助于把握消费者对广告产品形成大致的印象，以保证广告运动围绕产品的优势与特色展开诉求，达到引起注意、激发兴趣、刺激欲望、加强记忆、产生购买的目的。

从广告策划的角度讲，应分析产品的如下物质特点。

1. 用料

用料，即分析广告产品所使用的原料是什么，以及原料的产地、性质、特点与同类产品相比有无优势。

2. 用途与性能

用途与性能即分析广告产品究竟有何种用途，其性能怎样，表明它可以满足消费者哪些需要，消费者如何使用等。这些是确定广告宣传重点和进行产品定位的关键依据。

3. 产品外观

（1）色彩。不同地区、不同民族，或者同一地区、同一民族的不同消费者，因其生活方式、生活水平、生活习惯、文化背景的不同，对色彩的表达是千差万别的。策划者策划广告、宣传产品，应分析产品颜色对于不同消费者所起的不同作用，学会尊重消费者的习俗（图6-27、图6-28）。

（2）规格。同色彩一样，消费者对产品规格和尺寸大小的要求也各不相同。就手表来说，男、女消费者对手表这种产品在规格上的要求就不同，男人要求手表规格要大些，显得大方、庄重，而女人则要求手表规格要小些，显得小巧玲珑。所以，有些厂家就注意到了消费者的这种不同需求，生产出了成双出售的“情侣表”。

（3）款式。分析消费者对产品样式、款式的喜爱和要求，是广告策划不可缺少的一步。同样质地的产品，款式新颖才更能满足消费者在使用产品的同时追求新鲜的愿望。例如，女用包款式很多，单肩背的、手拎的，等等，品种齐全。所以广告策划只有抓住产品的销售目标，细分市场的各类消费者所喜爱的款式、类型，以及近期可能出现的变化趋向，向特定消费者集中诉求才能取得良好的宣传效果。

（4）产品服务。产品服务有无特色，也是产品分析的重要方法。产品服务分售前服务、售中服务和售后服务。有的产品在售前可以让消费者试吃、试穿、试用后再决定是否购买；有的产品如服装，在售中售货员不仅当顾问，还可以当模特，让消费者当场目睹试穿效果；有的产品送货上门，免费安装调试，

图6-27　苹果手机外观色彩

图6-28　苹果手机包装色彩

图6-27：苹果手机的外观色彩，一直以来都是业界的典范。从初代iPhone的黑白双色，到如今的多种配色，苹果手机在外观色彩方面的创新从未停止。这些色彩不仅彰显了苹果手机的个性与时尚，更体现了苹果对于产品细节的极致追求。

图6-28：苹果手机包装的色彩搭配，注重和谐与统一。在色彩的选择上，苹果公司遵循了简洁、大气的设计原则，使得整个包装显得非常雅致。苹果手机包装的色彩运用，充分体现了环保理念。在包装材料的选择上，苹果公司一直致力于降低对环境的影响。

一定期限内免费维修或更换。广告策划就要分析广告产品是否提供产品服务，分析产品服务有什么特色，然后有针对性地进行宣传，这是增强消费者对广告产品好感的重要因素。

（5）包装。包装本来是实体产品的一个组成部分，以往的包装仅仅出于储藏和运输的需要，但随着市场的发展，包装的作用发生了变化，包装本身也具有广告的作用。包装精美，也是产品的一个卖点。因而在广告策划中，还须认真分析产品的包装，分析其造型是否美观，包装质量是否同产品价值相协调；是否能显示出产品特点与独特风格；文字设计是否直接回答了消费者最关心的问题；包装装潢的色彩图案是否符合消费者心理需求；是否与消费者习俗、宗教信仰相抵触等。策划者只有很好地解决了这些问题，才能策划出成功的广告活动，否则，不但不能起到促销的作用，反而适得其反。

6.5.3 产品识别标志分析

广告作为一种宣传促销的手段，特别要注意如何生动地将产品的识别标志告知消费者，使之留下鲜明深刻的印象，以便公众记住它、了解它、喜爱它。因而，分析产品时，应特别重视对产品识别标志的分析。

1. 商标

商标，是商品的标志，它就如同商品的“脸”，是要给人看的，当然应追求美。如果广告人能为商品塑造一幅形象感人、惹人喜爱的“脸”，无疑会提升商品的信誉价值。从现代广告策划的角度来说，对商标的分析应着重抓住如下问题：

商标是否独一无二，应避免与其他商标雷同或类似；商标是否将企业与产品的特点充分表达出来，并使它具有一定的意义；商标是否美观大方、构思新颖、造型独特、有吸引力，便于广告促销；商标是否简洁鲜明，易看易记（图6-29、图6-30）。

2. 企业标志

企业标志是创造企业形象最重要的手段。它不仅是企业与产品的代表符号，而且是质量的保障，是沟通人与产品、企业与社会的最直观的中介之一。它可以起到让消费者识别产品服务的作用。因而，在广告宣传中，除了要突出产品商标外，还应明确突出企业标志，以便给消费者留下一个完整的形象（图6-31）。

3. 口号

用一句口号代表一个产品，是从早年叫卖形式中

图6-29 宝马汽车标志

图6-29：德国宝马汽车的标志主要运用德国巴伐利亚州的旗帜元素，外部环绕圆形来表现汽车的速度感。蓝白色标志也会让观众将意识到这是白色的飞机螺旋桨叶片在切割蓝天。

图6-30 雷克萨斯汽车标志

图6-30：日本雷克萨斯汽车的标志，用椭圆环绕的L字母，根据丰田汽车销售公司的官方说法，这个椭圆弧度依照精确的数学公式修饰，动用三个以上的设计商和广告商，花了半年多的时间才完成。

继承而来的，因为它颇为适用于广告宣传，因而在现代产品推销中又受到青睐（图6-32）。

在广告策划中，应对产品口号予以分析，主要包括以下几点。

（1）口号要简练，朗朗上口，通俗易懂，押韵最佳。

（2）语言要富有情趣，号召力要强。

（3）广告语要突出产品的服务特点，语言要高度概括。

（4）要关注消费者心理，满足特定消费者的心理需求。

图6-31　家乐福企业标志

图6-31：家乐福的企业标志，Carrefour这个企业标志第一次出现是在1966年，其设计概念取自法文商标字首C，C的右端延伸一个蓝色箭头，左端一个红色箭头，象征四面八方的客源不断地向着Carrefour聚集。

图6-32　农夫山泉广告

图6-32：农夫山泉的经典广告语：“农夫山泉‘有点甜’”，这句广告语中避开了明星效应与对水质的追求，而是轻轻地点出了产品属性是“有点甜”，同时也意味着甜蜜幸福欢乐这是中国人终身的追求，这为消费者在品类庞杂的矿泉水选择中带来了一点新意。

本章小结：

随着市场经济的发展，广告市场在国民经济中的地位越来越重要，广告市场调查与分析也成了企业决策的重要依据。广告市场调查与分析是一项重要的工作，需要从多个方面进行综合分析，以便企业制定出更加科学、有效的广告策略和营销策略。随着市场竞争的加剧，广告市场调查与分析将越来越受到企业的重视。

●课后练习

1. 为什么在企业营销活动之前，要进行市场调查？
2. 影响企业发展的内外部因素分别有哪些，各自有怎样的影响？
3. 简述SWOT分析法。
4. 简述消费者购买产品的动机。
5. 如果有一家企业要为其生产的零食产品做一个竞争对手分析，谈谈你的分析角度。
6. 产品生命周期包括哪些阶段？每个阶段应该采取怎样的广告策略？
7. 试对“蒙牛特仑苏”产品进行分析。
8. 回顾华为的发展史，对华为进行市场调查与分析。

第 7 章
广告媒体策划

学习目标：了解广告媒体类型，能客观分析主流媒体优缺点，正确选择广告媒体。
学习难度：★★☆☆☆
重点概念：媒体分类、评价、选择

章节导读： 媒体策划作为一种独特的管理职能，与公关策划有着密切的关联，同时也是当代营销整合的关键要素。它的独特之处在于，媒体策划致力于协助各类组织机构建立并保持与媒体及公众之间的有效沟通，成为企业品牌传播和市场推广的重要杠杆之一。通过构建庞大的媒介覆盖网络以及对媒介的深入理解，媒体策划能够整合包括报纸、网络、电台、电视台、移动电视、手机短信等在内的各种传媒资源（图7-1）。

图7-1　创意广告

图7-1：用破碎的汽车造型直观地让人感觉到饮酒的代价有多大。

7.1　广告媒体概述

广告媒体策划是整个广告策划流程中的关键环节，它针对预设的广告目标，受制于一定的预算限制，通过运用各种媒体策略，将广告信息精准地传递给市场目标受众。这一过程涉及一系列精心的策划和安排。

媒体策划的主要评价指标包括：覆盖率、毛频点、视听众暴露度、到达率、暴露频次、有效到达率以及千人成本等。媒体策划的基本职责在于结合各媒体的特点，依据这些指标进行综合比较和评估，然后选择最合适的媒体或媒体组合，以便在最佳的时机和最有效的方式下，将广告信息传达给目标受众。

广告媒体选择是一个更为具体和深入的过程，它需要对各类媒体的特点和局限性进行详细的分析与评价，以找出能满足广告目标要求的媒体，确保广告信息能够顺利地传递给目标顾客。在现代广告活动中，广告媒体已经不再是单独运作的个体，广告媒体策划已经融入广告活动战略的核心部分，成为广告活动整体策划的重要组成部分。

7.1.1　广告媒体意义

媒体来源于英语词汇“Media”，其意为“中间的”“手段”或“工具”等。广告媒体，是指向受众传播广告信息的物质技术手段。广告媒体很多，如广播、电视、报刊、互联网、路牌、灯箱、包装装潢、交通工具，甚至一张名片、一支笔、一件工服，凡能起传播作用的物体，均可成为广告媒体。

7.1.2　广告媒体分类

在广告传播领域，现代媒体呈现出日益丰富的多样性，尽管如此，报纸、杂志、广播和电视这四大传统媒体巨头仍然占据主导地位。然而，随着时代的发展，电脑网络正逐渐显露出取代传统媒体，成为新一代广告传播主导力量的迹象。各种媒体在传播范围、视觉听觉效果、成本投入、可信度和权威性，以及使用条件和适用性等方面，都有显著的差异。

广告媒体可以根据传播方式的不同，划分为印刷媒体、电子媒体以及其他媒体。按照受众群体的数量，广告媒体可以分为大众媒体、中众媒体和小众媒体。根据广告信息在受众中接触的时间长短，广告媒体可以分为长期媒体和短期媒体。依据信息传播所能覆盖的地域范围，广告媒体可以分为全国性媒体和地区性媒体。而根据媒体传播信息所依赖的受众感官不同，广告媒体可以进一步划分为视觉媒体和听觉媒体。

1. 按载体与传播途径划分

目前，最常用的广告媒体分类方法是按照媒体的载体与传播途径进行划分，把广告媒体分为以下具体类别。

（1）印刷媒体。如报纸、杂志、挂历、书籍（包括电话簿、邮政编码簿、火车时刻表等）、海报、传单、票证、标签等（图7-2、图7-3）。

（2）电子媒体。如广播、电影、电视、电话、传真机、录像、电子显示大屏幕、电动广告牌、幻灯片、光导纤维等。

（3）户外媒体。如路牌、霓虹灯、交通车船、飞机、气球、飞艇、高层建筑、旗帜、灯箱（图7-4）等。

（4）邮寄媒体。如销售信、明信片、订购单、商品目录等。

（5）销售现场媒体。如橱窗、招牌、门面、室

图7-3　消费杂志

图7-3：消费杂志印刷经过长时间的积累和发展，具有一定的权威性和公信力。许多重要的信息都会选择印刷媒体进行传播和保存。

图7-2　旅游手册

图7-2：旅游手册具有丰富的表现形式，可以满足不同场景和需求的旅游信息传播。相较于电子媒体，印刷媒体具有更好的阅读体验。纸张的质感和油墨的气味，有助于人们更好地沉浸在阅读中，提高阅读效果。

图7-4　户外媒体

图7-4：户外媒体是一种广告媒介形式，主要通过在户外场所设置广告牌、海报、巨型装置等来传播广告信息。户外媒体的优势在于它的覆盖面广，可以针对不同的受众群体进行投放，如在商业区、交通要道、公园、学校等地方设置广告，能够吸引更多目标受众的注意力。

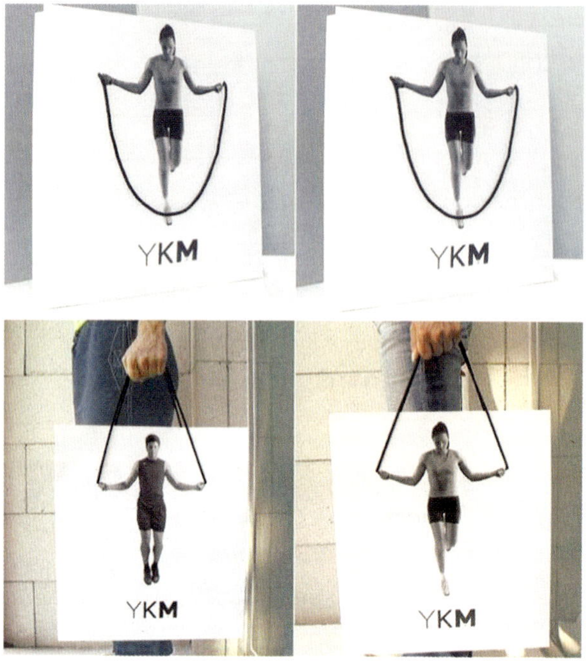

图7-5　包装媒体

图7-5：包装媒体已经成为人们生活中不可或缺的一部分。它以丰富多彩的形式，将信息传递给大众，满足了人们对于视觉、听觉和触觉的感官需求。

内外装潢、模特等。

（6）流动媒体。如打火机、火柴盒、手提袋、包装纸、广告衫、购物袋（图7-5）、雨伞、书包等。

2. 按功能划分

现在按其功能将其分为3类：视觉媒体、听觉媒体和视听两用媒体。

（1）视觉媒体。包括报纸、杂志、邮递、海报、传单、招贴、日历、售点广告以及户外广告、橱窗布置、实物和交通广告等媒体形式。视觉媒体主要特点是通过对人的视觉器官的信息刺激，影响人的心理活动，从而给人留下印象。

（2）听觉媒体。包括无线电广播、有线广播、宣传车、录音和电话等。听觉媒体主要特点是通过对人的听觉器官的信息刺激，激发人的心理感知，使人留下对所感知事物的印象。

（3）视听两用媒体。包括电视、电影及其他表演形式等。视听两用媒体主要特点是通过对人的听觉和视觉器官的双重信息刺激，激发人们的心理感知过程，从而，能使广告宣传在观众中留下深刻的印象。

另外网络媒体是新兴且发展潜力巨大的广告媒体。它具有覆盖面广、信息容量大、传播速度快捷等特点。网络媒体最为显著的特性同时也是其强势所在，主要表现在信息传播的双向交互性。

★补充要点

媒体组合

通常情况下，每一种媒体都有其长处和短处，将两种或两种以上的媒体组合起来使用，发挥其优势，克服其弱点，使广告达到最佳效果，这就是媒体组合。

7.2 广告媒体评价

随着我国社会主义市场经济体制的逐步完善，市场构成的多样化、媒体类型、品种日趋丰富，媒体费用日渐高涨，广告媒体的选择变得越来越复杂。在这种情况下，如何以最低的媒体代价获得最优的广告效果，便成为企业最关心的问题。在广告媒体选择过程中，企业需要掌握广告媒体的评价指标，以便更好地做出决策。

7.2.1 权威性和影响力

广告可以借助媒体的权威性来扩大其影响力。然而，选择权威性高的媒体并非易事，难度大，广告费用也相对较高。评价媒体的权威性和影响力无法通过数量来判断，而只能进行定性研究。此外，权威性的衡量标准也是相对的。对于某一类广告来说，某个媒体可能具有很高的权威性，但对于另一类广告来说，该媒体的权威性可能并不高。这是因为不同的媒体都有其独特的属性和影响力，广告受众在评估时也会有自己的评判准则。

7.2.2　覆盖面

任何一种广告媒体都只能在特定的范围内产生影响，也就是说，广告媒体的覆盖面是有限的。而覆盖面的大小通常通过触及率来进行比较。触及率作为一种衡量指标，具有两个显著特点：首先，每个人只能被计算一次，即使某人多次接收同一广告，也只能算作一次接触；其次，触及率是对整个覆盖面的人而言的，因此，这一指标并不能代表所有的受众群体。举例来说，建筑外墙广告的覆盖面就相当广泛，甚至超过了网络和手机广告（图7-6）。

7.2.3　接触频次

接触频次也称暴露频次，指人们接触广告信息的平均次数，这一指标有助于理解在多次发布广告之后，人们对广告印象的加深程度。举例来说其计算方式，如果首次接触率为25%，第二次接触率为30%，重复接触率为5%，那么二次广告接触频次就可以计算为：

（30%×25%）÷5%=1.5次

通常情况下，二次或多次广告投放中，如果重叠部分较多，那么纯有效范围就会较小；反之，如果重叠部分较少，纯有效范围就会较大。在制订媒体计划和选择媒体的过程中，需要根据广告目标来决定，是更看重广告的有效范围，还是更看重广告的接触频次（图7-7）。

7.2.4　连续性

广告媒体连续性是指同一则广告多次在一个媒体上推出所产生的效果之间的相互联系和影响。这一指标同样适用于在不同媒体上推出同一则广告，或者在同一媒体的不同时期广告活动之间的联系和影响。值得注意的是，不同的广告媒体对连续性广告效果的影响是各不相同的。

例如，一般杂志是以月为周期接触消费者的，如果为了配合某项具有较强时效性的营销计划而在杂志上刊出连续性广告，这显然是不合适的。然而，如果是为了配合长期的销售计划或针对性强、持续时间较长的产品，杂志广告的连续性就是一个较为理想的策略。

图7-6　建筑外墙广告

图7-6：建筑外墙广告作为一种独特的视觉艺术形式，以其高度的创意性和视觉冲击力，吸引了无数行人驻足观看。它不仅成为城市的一道亮丽风景线，更是商家展示品牌形象、宣传产品信息的重要载体。

图7-7　地铁站广告

图7-7：地铁站广告作为城市中一道独特的风景线，承载着传播信息、美化环境、提升城市形象等多重功能。地铁站广告凭借其视觉盛宴与品牌传播力量，成为品牌传播的重要载体。

因此，在研究广告媒体连续性指标时，必须将其与广告活动的综合分析相结合，才能得出准确、全面的判断。这样的分析方法有助于更好地理解广告效果的产生机制，从而为广告主提供更有效的广告投放策略（图7-8）。

7.2.5 针对性

广告媒体针对性指标是衡量广告媒体主要受众群体构成的关键因素。广告主在选择媒体时，不仅关注媒体的覆盖范围和受众数量，更看重媒体受众中目标消费者的比例。即便一个媒体拥有庞大的受众群体，但如果其中只有部分人是广告主的目标客户，那么对于特定的广告主来说，这个媒体并非最佳选择。

针对性指标主要包括两个方面：一是媒体受众的构成情况，即媒体吸引的受众是哪些人群，他们的年龄、性别、职业、地域、教育背景等特点；二是媒体受众的消费水平和购买力，了解他们的收入状况、消费习惯、购买意愿等因素。

近年来，现代乡村广告的覆盖面逐渐扩大，影响力不断增强，使得广告主对其效果日益认可（图7-9）。

7.2.6 成本效益

广告媒体成本效益是衡量某一媒体广告效益与其所需费用之间关系的指标，主要用于度量媒体的经济效益。广告主在投放广告之前，不仅要考虑广告能够触及市场面，还要考虑平均每个人的广告成本。

成本效益的分析不能仅依赖于媒体费用的绝对值，而应关注支出费用、覆盖面以及视听人数之间的比例关系。广告策划人员通常会依据成本原则选择媒体，最常用的简便方法是千人成本法，也被称为CPM法。这种方法是计算媒体平均每接触1000人所花费的广告费用，其公式为：

$$CPM=广告费\div接触人数\times1000$$

图7-8 杂志广告

图7-9 乡村外墙广告

图7-8：杂志广告，就是在杂志内刊登的广告。它是一种针对特定受众的传播方式，通过将杂志的内容与广告结合，使广告信息更容易被受众接受。

图7-9：乡村外墙广告，就是设置在农村房屋外墙上的广告。它最早起源于20世纪80年代，主要是为了宣传党和政府的政策，以及农业科技知识。在那个时代，乡村外墙广告的形式非常单一，一般是以宣传画、标语等形式出现，色彩和内容都相对简单。尽管如此，这种广告形式却对农村的宣传起到了很大的作用，成为农村宣传工作的重要阵地。

从CPM公式中，我们可以看出，降低CPM的方法有两种：一是减少广告费用；二是提高广告的接触人数。

虽然千人成本指标简单易行，但广告学界对其存在不少争议，主要问题在于以媒体的接触人数（即视听者）作为计算成本的基础，然而不同的媒体其影响力不同，接触者的构成也有差异，对于广告目标相同的广告主来说，千人成本指标无法全面反映这些因素。以婴儿润肤露广告为例，如果某媒体的接触者主要是年轻的母亲，那么广告效果就会很好；但如果接触者主要是老年人，广告效果就会大打折扣。因此，在考虑成本效益时，还需要其他指标进行配合，综合衡量。

7.3　广告媒体选择

7.3.1　选择原则

正确选择广告媒体，除了依照广告媒体选择的科学方法外，还必须遵循广告媒体选择的基本法则，这是广告策划取得成功的重要因素。归纳起来，广告媒体选择应遵循以下四项原则。

1. 目标原则

目标原则必须使选择的广告媒体同广告目标、广告战略协调一致，不能背离相违。它是现代广告媒体渠道策划的根本原则。当消费者群体不同，他们对于广告媒体的态度也必然有所不同，而只有根据目标对象接触广告媒体的习惯和对媒体的态度来选定媒体，才能符合广告战略的要求，进而顺利达成广告目标，收到良好的广告效果。

如果广告传播的信息无法触及广告真正想要影响的消费者或者是潜在消费者，那么无论广告主投入多少广告费用，广告创意多么的新奇独特，都无法达到预期的广告效果，最多，也只能是效果微乎其微。只有坚守目标原则，才能清晰地辨别并始终坚持正确的媒体选择，才能制定出整体最优的广告媒体渠道策划。举例来说，居民小区电梯中的广告，其主要的目标群体就是普通大众，因此广告传播的内容自然也应该是与大众生活息息相关的商品（图7-10）。

2. 适应原则

适应原则是根据情况的不断发展变化，及时调整媒体方案，使所选择的广告媒体与广告活动的其他诸要素保持最佳适应状态。适应原则包括两方面的内容。

图7-10　电梯广告

图7-10：电梯广告是一种新型的广告形式，具有受众人群高度集中、广告内容直接传递、到达率高、视觉冲击力强等特点，可以有效地提升品牌的知名度和影响力。

（1）广告媒体的选择要与广告产品的特性、消费者的特性以及广告信息的特性相适应。例如，消费品多以大众传播媒体为主，工业品多以促销媒体为主；有些消费者习惯于接受大众传播媒体的广告宣传，有些消费者却对其抱有冷淡态度，而对促销媒体深怀好感。

（2）广告媒体的选择要与外部环境相适应。外部环境是指存在于广告媒体之外的客观原因或事物，如广告管理、广告法规、经济发展、市场竞争、宗教文化，以及媒体经营单位等。外部环境是不断发展变化的，媒体方案也要相应作出调整，正如地下通道广

图7-11　通道广告

图7-11：通道广告，就是在城市公共设施通道内的广告。它是一种针对人流量大的地区，利用地下（楼宇）通道的墙面、顶部等空间进行广告宣传的方式。通道广告具有位置优越、视觉冲击力强、受众广泛等特点，因此受到众多广告主的青睐。

告，更换频率很高（图7-11）。

3．优化原则

要想成为广告界的翘楚，首要任务便是精挑细选能将广告效应最大化的媒体，或是构建出最为合适的媒体组合。在媒体选择的过程中，我们需要深入研究并理解各种能触达广告目标人群的媒体特性，以便做出最明智的决策。通常，传播速度快、覆盖面广、观众（听众）参与度高、持续久、视觉色彩鲜明、易于记忆以及信誉良好的媒体是首选。

优化的原则强调，广告媒体的选择和组合应尽可能寻求能触及更多人群、关注度高的传播媒体以及其组合方式。即使是同类同种的传播媒体，也因其级别、性质、特点的不同而各有长短。同样属于杂志的媒体，由于其级别、性质、特点的不同，其优势与不足也各有不同的具体体现。

4．效益原则

效益原则是在适合广告主广告费用投入能力的前提下，以有限的投入抓住可以获得理想效益的广告媒体。在现代市场经济背景下，无论选择哪种广告媒体，都应该把广告效益作为首要考虑因素。这就要求我们在策划广告媒体渠道时，始终以选择成本相对较低，但能达成广告宣传预期目标的广告媒体为核心。

广告媒体的成本费用因其技术水平、覆盖区域和质量的差异而不同。某种广告媒体，如果其技术手段先进、覆盖区域广泛、质量卓越，那么它的成本费用就会相对较高。反之，如果技术手段一般、覆盖区域较小、质量一般，那么其成本费用就会相对较低。甚至是在同一媒体的情况下，由于受到各种因素的影响，其成本费用也会存在明显的差异。举例来说，同一份报纸，广告版面的大小、版位的设定；同一电视频道，播放时间的长短，以及是否处于“黄金时段”等因素，都会影响广告的费用。

7.3.2　选择方法

为了减少广告媒体选择中的偏差和失误，必须善于灵活巧妙地运用广告媒体选择的方法。进行广告媒体选择的方法很多，常用的主要有以下几种。

1．按目标市场选择

任何商品都有其针对性的目标客户群体，因此在选择广告传播渠道时，务必精确瞄准这个目标市场，确保产品的销售覆盖范围与广告的影响力相吻合。如果一个产品旨在覆盖全国市场，那么广告宣传也应在全国范围内展开，选择广告媒体时应着重考虑覆盖面广、影响力深的传播平台，全国性的电台、电视台、报纸、杂志以及交通媒体无疑是最理想的选择。然而，如果产品的目标市场是特定的细分领域，那么就应该重点考虑哪种传播媒体能够最有效地触及并影响这个特定的目标客户群体。此时，选择那些在特定区域有影响力的地方性报刊、电台、电视台、户外广告以及交通媒体就显得更为合适（图7-12）。

2．按产品特性选择

在当下繁复多样的市场中，各类产品的广告传播渠道的选择，需要根据产品的特性进行深思熟虑。通常情况下，印刷媒体更适合于种类繁多、结构复杂的产品；而对于色彩鲜艳且需要技术展示的产品，电视媒体则能发挥其最佳效果。硬性产品（如工业品）属于理性消费品类，如果这类产品的技术性较强，价格较高，用户群体较少，那么专业杂志、专业报纸、直邮以及展销现场媒体往往是首选；如果产品的技术性一般，价格适中，用户群体较多，那么电视和一般报刊也能取得良好的传播效果。相反，软性产品（如生活消费品）属于情感消费品类，更适合选择电视、杂志彩页等媒体进行广告传播（图7-13）。

图7-12　电视广告

图7-12：电视广告是一种通过电视媒体向观众传播信息、推广产品或服务的商业性宣传方式。它是电视媒体广告业务的重要组成部分，具有传播范围广、影响力强、受众多、效果明显等特点。电视广告的播出时间通常为几秒到几分钟不等，其内容以视觉和听觉的结合为主，通过生动、形象、精彩的画面、优美的音乐、精彩的表演等多种形式，向观众传递信息，宣传商品或服务，引导消费，促进销售。

图7-13　杂志彩页广告

图7-13：杂志彩页广告作为一种独特的广告形式，凭借其精美的视觉设计、丰富的色彩表现以及高度集中的信息展示，吸引了众多广告主的青睐。杂志彩页广告作为一种独特的广告形式，具有强大的视觉冲击力和品牌传播效果。

3. 按产品的消费层选择

任何一种商品，都有其特定的消费群体，也就是说，都有其针对的使用者。通常，软性产品的消费者群体比较固定。因此，在进行广告宣传时，选择媒体渠道应当依据目标受众的特点，以便选用深受目标消费者喜爱的传播途径。

如果广告推广的产品是一款创新型美容系列化妆品，那么其使用者主要应为女性，而主要的购买者则应是青年女性。基于这个特性，就必须要选择深受青年女性喜爱的传播媒体。如果广告推广的产品是一种新型化肥，其目标市场是农村，那么其使用者自然就是农民，此时就应该选择农民朋友们喜闻乐见的传播媒体，如广播、电视和报纸等。

4. 按消费者记忆规律选择

广告的功能在于通过信息的传递，对商品进行推广，以期达到促进销售的目的。然而，广告的推销作用往往是间接的。因为消费者在接受广告信息的当下，受到时间和空间的限制，通常不会立即采取购买行动。相反，他们会经过一段时间的思考和权衡，才会做出购买的决定。因此，广告的创作必须遵循消费者的记忆原理，通过持续加深和强化消费者对广告产品的记忆和印象，从而起到引导购买的作用。

如果某企业的产品销售范围覆盖全国，那么这家企业在选择广告媒体时，除了考虑全国最具影响力的报纸媒体之外，还应将电视媒体和广播媒体纳入考虑范围。并且，这家企业需要认真考虑广告信息的连续性，因为这样能够更好地强化消费者对广告产品的记忆。

5. 按广告预算选择

广告主在制定广告预算时的多样化选择。有的广告主可能拥有充裕的预算，甚至高达数百万元，而有的广告主则可能只有寥寥数千元的预算。这样的差异，无疑决定了广告主在选择广告媒体时，必须根据自身的投入成本进行合理规划。对于广告主而言，广告是一项充满机遇又有风险的投资。因此，广告主在选择广告媒体渠道时，必须审慎对待，量力而行。这就要求广告主在推出广告之前，对各种媒体的价格进行细致入微的测算。只有在确保广告价格低于广告投放后所预期的经济效益时，广告主才应当选择价格相对较低的广告媒体。

7.3.3 选择策略

1. 与企业营销目标相结合

当一个企业已经明确了自己的目标市场后，它需要通过一个最优的营销组合或者一个高效的营销策略来打入并占领这个目标市场。具体而言，这涉及到如何在一定的时间框架内实现企业的营销目标。如果将企业的营销目标简化归纳，我们不难发现，所有的企业营销目标都可以归结为提升销售额、扩大市场份额，以及塑造企业或产品的品牌形象。然而，在媒体选择的过程中，我们必须针对特定的营销目标进行操作。

（1）扩大销售额时的媒体选择。企业扩大销售额的目标要求广告能够促使消费者缩短购买决策过程，尽快地作出购买行为。

（2）增加市场占有率时的媒介选择。增加市场占有率就是争取新的消费者，甚至把自己竞争对手的消费者吸引过来，以加强企业自身的竞争地位。

（3）在塑造企业产品形象时，如何选择合适的媒介。我们深知，塑造企业或产品的形象，目的是引发消费者的好感，提升企业或产品的知名度和美誉度。

然而，每种媒介也有其局限性。报纸可能受限于阅读习惯和发行范围；户外广告牌和赛场广告的时效性较强；电视广告可能因高昂的制作成本而难以承受；杂志则可能面临受众范围有限的问题。因此，在选择媒介时，企业应结合自身实际情况，选择最合适的媒介进行形象塑造。

2. 与目标市场相结合

（1）根据区域划分来选择目标市场的媒介。企业在全国范围内和区域目标市场有着不同的市场策略。若目标市场覆盖全国，企业应寻求媒体组合中成本最低、广告信息总暴露量最大的方案。因此，企业可以选择国家级别的电视台、电台、杂志以及全国发行量较大的报纸作为传播渠道（图7-14、图7-15）。

（2）根据消费者自身因素划分目标市场的媒体选择策略。这里的消费者自身因素，主要包括年龄、性别、职业、教育背景以及收入水平等。在市场细分

图7-14 电视台媒介

图7-14：电视台媒介，是指通过电视技术将声音和图像进行传输和展示，为广大观众提供新闻、娱乐、教育等多元化内容的传播平台。自20世纪中叶电视技术诞生以来，电视台媒介就迅速成为人们获取信息、消遣娱乐的主要途径，同时也成为政府、企业进行宣传推广的重要工具。

图7-15　报纸媒介

图7-15：报纸媒介是一种以纸张为载体，通过印刷技术将文字、图片等内容传播给大众的媒体工具。它的出现，让人类的知识传播不再局限于口耳相传，而是可以通过文字记录下来，供后人查阅。报纸媒介的诞生和发展，推动了人类社会的进步，促进了世界各国的文化交流。

过程中，企业往往会借助这些社会文化特征来定位各个细分市场。

3. 与营销环境相结合

（1）社会意识形态对于媒体选择的影响：统计分析揭示，在经济富饶或通信技术先进的国家，各种传媒手段都能得到广泛应用。在某些国家，社会意识形态的约束使得人们对特定媒体有所偏爱。例如，挪威、瑞典和丹麦等国家禁止在电视和广播中播出广告；一些国家立法禁止在电视和广播中宣传香烟和酒类产品；在伊斯兰国家，对电视和电影的审查较为严格，因此这些国家的广告策略更倾向于其他传播渠道。这清楚地表明，意识形态直接影响着国家在媒体选择上的决策。

（2）人口密度影响媒介选择。人口密度与广告媒介的传播范围和传播速度有一定的关系。在人口密度低的地区，对于媒介传播的速度与范围要求就高（图7-16）。

（3）文化水平对媒体选择具有深远影响。文化水平的差异直接决定了印刷媒体传播的范围和数量。在文化水平较低的地区，电视和广播成为传递信息、说服消费者的理想选择，因为它们能够通过直观的图像和通俗易懂的语言，将商品信息传达给消费者。

（4）生活水平影响媒介选择。一个地区的生活水平高低与通信传播业的发达成正比。生活水平高的地区，其报纸、杂志、广播、电视的普及率就高，这几种媒介的选用就比较常见（图7-17）。

图7-16　高速公路广告

图7-17　乡村广告

图7-16：高速公路广告是指在高速公路沿线设置的，通过图形、文字、色彩等元素，向过往车辆及行人传播信息、宣传品牌、推广产品的一种户外广告形式。它具有受众广泛、视觉冲击力强、强制传播等特点，是一种极具影响力的广告媒体。

图7-17：乡村广告主要针对农村居民，因此其内容必须紧密围绕农村居民的需求，如农业技术、农产品销售、农村医疗、教育、政策法规等。乡村广告作为一种新兴的宣传方式，在农村经济发展和社会进步中发挥着重要作用。

★补充要点

广告的隐形化

当今广告已经越来越进入隐形化趋势。如微信广告，有一条标题很吸引人，“为什么北方人用手洗脸，南方人却用毛巾？”点开来阅读，文章是从问题开始的，“毛巾擦脸更干净吗？一个有趣的事实却是：在更注重清洁、护肤的西方社会，几乎没有人会用湿毛巾擦脸。”接着文章谈到皮肤分泌、毛巾中的细菌繁殖、军队文化，接着谈到洗面奶等，在文章将结束的时候，才提出一个问题：“对于只通过毛巾花色和手感来决策消费的人们来说，怎样买一条好毛巾？”解决方案随后，原来是一条毛巾广告。

7.4　主要媒体优劣势分析

7.4.1　报纸与杂志

广告传播工作与报纸、杂志的关系密不可分。报纸作为一种常规的印刷媒介，以传播新闻为主要目的，向广大公众定期发行。而杂志，同样作为一种印刷媒介，以定期或非定期的方式，以成册的形式连续出版。报纸和杂志都是通过印刷文字的方式，向公众传递大量的信息和观点，因此，它们都属于印刷类的大众传播媒介（表7-1、表7-2）。

7.4.2　广播与电视

广告主经常要运用广播、电视去播发新闻、广告。广播与电视同属于电子媒介，它们能及时、有效地影响公众，是非常重要的广告传播手段。

广播是指通过无线电电波或导线传送声音节目、供大众收听的传播工具。广播分无线广播和有线广播。通过无线电波传送声音符号称无线广播，通过导线传送声音符号称有线广播（表7-3）。

表7-1　报纸传播信息的优势和弱点

优势	弱点
传播面广：报纸发行量大，触及面广，遍及城市、乡村、机关、厂矿、企业、家庭，有些报纸甚至发行至海外	时效性短：报纸的新闻性极强，因而隔日的报纸容易被人弃置一旁，传播效果会大打折扣
传播迅速：报纸一般都有自己的发行网和发行对象，因而投递迅速准确	传播信息易被读者忽略：报纸的幅面大、版面多、内容杂，读者经常随意跳读所感兴趣的内容，因此报纸对读者阅读的强制性理解能力受限。受读者文化水平的限制，更无法对文盲产生传播效果
具有新闻性，阅读率较高。报纸能较充分地处理信息资料，使报道的内容更为深入细致	色泽较差，缺乏动感：报纸媒体因纸质和印刷关系，大都颜色单调，插图和摄影不如杂志精美，更不能与视听结合的电视相比
文字表现力强：报纸版面由文字构成，文字表现多种多样，可大可小，可多可简 图文并茂，又可套色，引人注目	—
便于保存和查找：报纸信息便于保存和查找，基本上无阅读时间限制	—
传播费用较低	—

表7-2 杂志传播信息的优势和弱点

优势	弱点
时效性长：杂志的阅读有效时间较长，可重复阅读，它在相当一段时间内可以保留，因而在某种程度上扩大和深化了广告的传播效果	出版周期长：杂志的出版周期大都在一个月以上，因而即效性强的广告信息不宜在杂志媒体上刊登
针对性强：每种杂志都有自己的特定读者群，传播者可以面对明确的目标受众制定传播策略，做到"对症下药"	声势弱：杂志媒体无法像报纸和电视那样造成铺天盖地般的宣传效果
印刷精美，表现力强	理解能力受限：像报纸一样，杂志不如广播电视那么形象、生动、直观和口语化，特别是在文化水平低的读者群中，传播的效果受到制约

表7-3 广播传播信息的优势和弱点

优势	弱点
传播面广：广播是使用语言做工具，用声音传播内容，听众对象不受年龄、性别、职业、文化、空间、地点、条件的限制	传播效果稍纵即逝，耳过不留，信息的储存性差，难以查询和记录
传播迅速：广播传播速度快，能把刚刚发生和正在发生的事情告诉听众	线性的传播方式，即广播内容按时间顺序依次排列，听众受节目顺序限制，只能被动接受既定的内容，选择性差
感染力强：广播依靠声音传播内容，声音的优势在于具有传真感，听其声能如临其境、如见其人，能唤起听众的视觉形象，有很强的吸引力	广播只有声音，没有文字和图像，听众对广播信息的注意力容易分散
多种功能：广播是一种多功能的传播工具，可以用来传播信息、普及知识、开展教育、提供娱乐的服务，能满足不同阶层、不同年龄、不同文化程度、不同职业分工的听众多方面的需要	—

电视是用电子技术传送活动图像的通信方式。它应用电子技术把静止或活动景物的影像进行光电转换，然后将电信号传送出去，使远方能即时重现影像（表7-4）。

表7-4 电视传播信息的优势和弱点

优势	弱点
视听结合传达效果好：它是用形象和声音表达思想，这比报纸只靠文字符号和广播声音来表达要直观得多	电视和广播一样，传播效果稍纵即逝，信息的储存性差，记录不便也难以查询
纪实性强、有现场感：电视能让观众直接看到事物的情境，能使观众产生亲临其境的现场感和参与感，具有时间上的同时性、空间上的同位性	电视广告同样受时间顺序的限制，加上受场地、设备条件的限制，使信息的传送和接收都不如报刊、广播那样具有灵活性
传播迅速、影响面大：它与广播一样，用电波传送信号，向四面八方发射，把信号直接送到观众家里。传播速度快，收视观众多，影响面大	电视广告的制作、传送、接收和保存的成本较高
多种功能、娱乐性强：由于直接用图像和声音来传播信息，因此观众完全不受文化程度的限制，适应面最广泛	—

本章小结：

广告媒体策划是企业营销策略中至关重要的一环。广告媒体策划旨在通过整合各种媒体资源，为企业量身定制合适的广告投放方案，从而实现品牌传播、产品推广和销售增长的目标。广告媒体策划是指根据企业的营销目标、市场状况和消费者需求，对广告媒体进行科学、合理的选择、组合与运用，以达到广告效果最大化的过程。

●课后练习

1. 简述广告媒体的意义。
2. 广告媒体的分类有哪些？
3. 广告媒体评价包括哪些方面？
4. 简述广告媒体的选择原则。
5. 广告媒体选择的方法和策略是什么？
6. 简述电视在传播信息中的优势和弱点。
7. 调查研究我国现代思政广告媒体行业市场状况与设计内涵。

第 8 章

广告策划实施与评价

学习目标：熟悉广告策划提案流程，编写广告策划书与方案评价。

学习难度：★★★☆☆

重点概念：策划、提案、实施方案、评价

章节导读：广告学是一门独立的学科，它是研究广告活动的历史、理论、策略、制作与经营管理的科学。有关广告的知识，起初只零星地见之于新闻学科和经济学科的部分章节内，且很不成系统。到现在为止，广告知识仍是这些学科的组成内容之一，如新闻学、市场学、企业管理学、商业心理学等都论述到广告的内容（图8-1）。

图8-1 创意广告

图8-1：所有封闭的地方对于吸烟者来说都太小了。环境不仅小且脏乱差。

8.1 广告策划提案

彼此需要却常有抱怨，这就是广告客户和广告公司之间的微妙关系。在广告公司不满广告主苛刻挑剔的时候，广告主也有话向广告公司说。在与广告主之间相互尊重的前提下，广告公司作为信息服务型企业，应更多地虚心倾听广告主的声音。

8.1.1 提案准备

1. 熟悉

广告策划书的撰写过程，其实就如同撰写者与目标消费者之间的一场“心灵交流”。广告策划提案，更是提案人与广告客户之间的“直面洽谈”。在进行这场“心灵交流”之前，撰写者需深度理解消费者的个性特质与真实需求。而在步入“直面洽谈”的阶段前，提案人同样需要全面把握企业和项目决策者的性格特点与实际需求。因此，在正式提出广告策划提案之前，提案团队的重要任务便是深入熟悉提案。

对于提案现场环境的熟悉程度，不仅要了如指掌，更要深入洞察。提案团队应实地考察客户的提案报告场所，精确计算从驻地到提案地点所需的时间，准确评估场地的面积需求，以确保电脑、投影仪、话筒、电源、音响、灯光等硬件设施完备且运行正常。

2. 工具

使用正式的、能集中表达核心战略和主要战术内容的提案报告是提案时的主要工具。这些工具可为提案报告做独到的视觉设计，且符合广告主企业的特征或本次项目任务的特点。广告客户会因此感受到广告公司的尊敬而给予赞赏。

提案报告要“金玉其外”，但要切忌“败絮其中”。一些广告公司以为通过精美的包装就能掩盖内容的贫瘠，其实任何一个明智的广告客户都不会简单地因为外在视觉设计精美就作出决断。提案的终极评判标准在于是否能有效解决问题，广告客户对此早已心知肚明。即使已经具备了创新的观点和策略，也需要精心安排提案报告的内容表达方式。提案报告的内容表达应注意以下几个方面。

（1）提案报告的厚薄选择问题。很多广告设计师的心态是提案报告越厚，说明自己所做的工作越多，也就是比别的同事对广告客户更认真。但市场经验日趋成熟的广告主则不会这样看待。

（2）采用动态符号增加提案报告的生动性和吸引力。提案报告中的主体大多为文字、数据、图表和图片这些静态的符号，静态符号的持续呈现容易让人产生心理疲倦，因而可以适当插入动态的动画、影音来适度调节。对静态符号中的某些重点如关键字词、标点（问号、感叹号等）以动画效果展示的方式进行强调，也是简单而行之有效的办法。

3. 演练

实战演练对于提案的重要性。它并非可有可无的附属品，而是战斗的号角，行动的开始。在预演阶段，提案团队应全方位展示他们在正式提案时的状态，而参会者则应以严谨的态度对预演进行评估，甚至提出尖锐、苛刻的问题。提案团队在此过程中应全力以赴，既要充满热情和积极性，同时又要保持冷静，应对自如。

对于演练过程中出现的不足，提案团队应在演练结束后，参会者还在场的情况下立即进行讨论和改进。如果一次演练的效果不理想，提案团队必须经过调整和改进后，才能进行下一次的演练，直至达到令人满意的程度为止。

8.1.2 提案过程

1. 提案团队的言行

提案团队的着装要整齐协调，透过服装展现广告公司的企业文化内涵和员工的团队合作意识，也可以巧妙针对广告企业的品牌个性搭配衣着，以表达对客户企业的尊重。

当客户提出质疑时，提案人切忌急躁不安。不要与客户争吵、辩论，而是以较为婉转缓和的语言引导客户的思路，使其能以提案人的视角重新看待问题（图8-2）。

2. 提案的时间分配

个人完成心理工作的能量具有一定的极限，某些类型的信息加工可由信息的输入引起，而另一些则需要额外输入注意力。提案过程中，客户不可能全程保持较高的注意力水平，因而提案团队必须适时“行动”，向客户输入“注意力”。

报告展示和讲解说明是提案的视觉和听觉两大组成部分。提案时要注意视觉与听觉时间比例的合理化。另外，不能把全部的提案时间用于报告展示和讲解说明，一定要留出富余时间，用以应对客户打断报告主动发问、因处理公司或其他事务而离场等不可预料的偶然因素所造成的报告节奏的变化（图8-3）。

8.1.3 提案完成

1. 内部共享和外部跟进

提案完成后，广告策划者应当迅速组织总结会议，将提案中与客户达成共识和有待商榷的内容传达给广告公司的各个部门。这样，不仅可以让各部门在

图8-2 福特户外广告策划案

图8-2：提出的福特户外广告形式和内容，可以有效地提高消费者对福特汽车品牌的认知度和好感度，吸引更多的潜在客户前来福特汽车经销商处试驾和购买产品，从而增加福特汽车的市场份额。同时配合大幅的图片和文字，展示福特汽车的产品特点和优势，如安全性能、驾驶舒适度、油耗经济性等。

图8-3　六个核桃广告策划案

图8-3：六个核桃广告策划案紧紧围绕产品特点及消费者需求，通过生动、形象、富有创意的广告表现，传递品牌核心价值观，提升品牌形象，为六个核桃的市场推广奠定坚实基础。

新的、统一的指导方针下开展新的工作，而且还可以实现各部门的知识和经验共享。

更为关键的是，广告策划者应根据提案中广告客户的建议，及时对策划方案进行细化或调整，尽早将优化后的方案提交给客户以获取新的反馈，从而使双方最终达成一致，并开展下一步的工作。在广告客户发出指令之前，把更多的工作做在前面，把提案的结束看作是新一轮工作的开始，这正是广告公司应有的工作方式。

2. 主动与其他组织沟通

为了确保方案的顺利推行，提案完成后，可能还需要与一些无直接商业合作关系的组织进行后续沟通，如行政管理机构、社会公益组织、消费者团体以及媒体等。在遵守法律和基本规范的前提下，广告策划者应积极主动地解决与其他组织的沟通问题，使提案得以最终实现，为广告主争取到应有的权益。广告策划者不仅需要通过提案将策划方案这种知识产品成功推销出去，同时还要进行动态的跟进和有效的沟通，以尽可能避免和减少广告主在使用过程中的风险（图8-4）。

★补充要点

引入广告策划概念

我国引入“广告策划”的概念，约在1984年，当时有部分学者撰文呼吁，要把现代广告策划引入中国的广告实践中，树立“以调查为先导，以策划为基础，以创意为灵魂”的现代广告运作观念。1989年的4月，上海的唐仁承出版了我国第一本的《广告策划》专著，其后，北京的杨荣刚也出版了《现代广告策划》。

（a）头顶涂鸦　（b）脸部涂鸦

图8-4　优秀的广告提案

图8-4（a）：用在头顶上画偏搞怪可爱的图案来幽默地表达对醉酒的讽刺。
图8-4（b）：酒量不好，就浅尝辄止，否则会出糗。

8.2 广告策划书实施

广告策划书的实施，即组织、控制和协调广告策划方案在实际操作中的具体行动，是将广告策划方案从抽象概念转化为生动实践的关键环节。

在广告策划书的实施过程中，策划部门与其他相关部门的关系协调、广告策划者与广告主之间的沟通、广告活动资源的充足供应、广告人员的办事效率以及工作流程的顺畅，都是影响广告策划方案能否成功执行的关键因素。任何一个执行环节的失控，都可能导致原本出色的广告策划方案无法达到预期的广告效果，进而损害广告主的利益，甚至破坏广告公司的市场信誉。

因此，为了确保广告策划方案的成功实施，必须掌握一系列执行技能，包括高效的沟通协调能力、资源整合能力、流程控制能力等，这些都是保障广告策划方案从理念转化为现实的关键要素（图8-5）。

8.2.1 协调

无论是分配时间、资金和人员的能力，还是设置工作人员之间为实现共同目标而应具有的关系结构，其本质都是协调技能。广告策划书的实施所需的协调技能也包含了同样的内容。

广告策划书的执行必须严格遵循广告活动的自然时间顺序，这个顺序包括广告创意的展示、广告的制作，直至广告的投放，这是一个线性的执行过程。然而，在广告投放的过程中，往往会伴随着各种促销活动、公关活动等同期进行，这就形成了时间平行的执行关系。如何合理分配阶段性任务的时间、资金和人力资源，就成为了广告策划书实施过程中需要协调的重要内容之一。广告策划书的执行过程，往往涉及众多的主体，例如广告公司一方的策划人员、创意人员、制作人员、客服人员等，广告主一方的高层主管、项目经理、业务员等，还包括广告的形象代言人、广告媒体、广告行政管理等。这些众多的机构和人员之间的合作配合，就构成了广告策划书实施过程中的另一重要协调部分。

8.2.2 控制

广告策划书在实施过程中的控制主要包括效率控制和策略控制。了解控制的本质能够帮助我们去实施效率控制和策略控制。

在保持信息传递精准度的同时，必须明确“人、事、责”之间的对应关系。对于广告策划书的执行团队来说，团队负责人需与每位团队成员就“人、事、责”的内容达成共识，并要求他们以亲自签字等无法

图8-5 格力出色的广告策划

图8-5：一句“格力掌握核心科技”让很多消费者了解到了格力，而格力也因为这句广告语打下了在空调领域的名气，正因为有技术做支撑，格力空调才能占领市场龙头的位置。

被他人替代的方式表示确认。此外，团队负责人还应在项目推进的关键时间节点（如创意构思、制作、投放等阶段）核查各工作小组是否按期、保质地完成了既定任务。如有个别小组未能达到预期目标，他们必须阐述事情的来龙去脉以及采取何种措施以实现计划目标的改进方案。

当广告主的市场经验足够丰富并能做出有效应对时，广告公司应与其保持态度和行动上的一致。然而，如果广告主在应对危机方面能力不足，为其服务的广告公司就应主动承担责任，提供策划调整方案。若方案实施产生了不良的社会影响，广告公司还应提供广告主与消费者和媒体之间进行信息沟通的方案。

8.2.3　激励

激励是指主体通过某些手段或方式激励客体在心理上处于兴奋和紧张状态，并积极行动起来，付出更多的时间和精力，以实现激励主体所期望的目标。广告公司的激励与人力资本价值之间是一种正相关的关系，如果激励越强，人力资本的价值就会提高。

首先，负责实施广告策划案的主管要树立激励标杆，让工作人员知道什么样的表现能够得到褒奖；其次，当工作人员达到了奖励标准时，项目实施主管就应当兑现承诺，并注重奖励方式的多样性。

★补充要点

广告策划书避免冗长

写广告策划书一般要求简短，避免冗长。要简要、概述、分类，删除一切多余的文字，尽量避免重复相同概念，力求简练、易读、易懂。撰写广告计划时，不要使用许多代名词。广告策划的决策者和执行者不在意是谁的观念、谁的建议，他们需要的是事实。广告策划书在每一部分的开始最好有一个简短的摘要。在每一部分中要说明所使用资料的来源，使计划书增加可信度。一般，广告策划书不要超过两万字。如果篇幅过长，可将图表及有关说明材料用附录的办法解决。

8.3　广告策划方案评价

因为市场地位、目标区域、竞争目标、产品特征等各种要素的差异，不同的企业对广告公司的服务期待是不同的（这点已在前文阐述过），势必会带来广告策划方案评价标准的不同。

可以预见，随着广告公司业务模式的改变，未来广告策划方案的评价也必将是动态变化的。因此，对本节所提供的广告策划评价的一般方式和普遍标准，学习者应当结合实际灵活应用，不可生搬硬套（图8-6）

8.3.1　总体导向

1. 不偏不倚

无论广告公司能够多么深入地渗透到广告主的营销领域，一次性的广告策划或者某一特定时间段内的广告策划都无法完全解决企业的所有市场问题，甚至

图8-6　快递广告

图8-6：通过汽车物流运输，将产品通过网络投送到现实生活中，表明快递业务成熟便捷。

无法独立实现企业的传播目标。因此，在明确的市场传播目标指引下，我们需要将广告融入整体的传播体系中，充分利用其优势，发挥其特长，以便最充分地实现广告的传播效果和影响力。广告主需要明确广告策划方案的“有所为”和“有所不为”，并根据策划方案中设定的任务来制定策划方案实施后的评价标准，保持前后一致，公正无偏地评估方案的价值。

2. 虚怀若谷

广告主虽然精通自我塑造，但对于消费者的需求却略显陌生；广告公司则对企业理解不深，却对消费者的心理了如指掌。因此，只要为广告公司提供渠道深入了解企业，弥补其知识空缺，关于影响消费者的策略问题，广告主应谦逊地采纳广告公司的建议。那些愿意放下“强势”身段的广告主，往往能获得更大的回报。为了提升合作的品质，广告主在评估广告策划方案时，应给予更多的激励和宽容（图8-7）。

3. 约法三章

广告客户和广告公司之间事先要约法三章，制定出评估条款，且表明评估条款是属于广告策划案内容评价部分，还是广告策划案实施效果评价部分。评估条款应具体、实际，避免使用模糊、抽象的词语作为评估准则，如“让消费者满意”“销量提升”“展现企业品味”等。相反应尽量采用数据化、实体化的表述方式。

图8-7　雪花啤酒广告策划

图8-7：用一句“雪花，勇闯天涯”走进大家的生活，本广告策划旨在通过生动、形象的广告画面和文案，展现雪花啤酒的品牌特性，传递清爽、愉悦的情感，激发消费者对美好生活的向往。通过多种广告形式，提高品牌曝光度和市场占有率，为雪花啤酒的持续发展奠定坚实基础。

8.3.2 内容质量分析标准

广告策划方案内容质量提高的另一重要表现则是广告策划方案是否以最佳方式调配使用资源，即做到人尽其责、物尽其用和井井有条，实现最优化原则。

充分考虑广告产品特性和客户需求的实际情况，合理配置广告客户的预算，并提供充分的理由和证据。在广告预算得到保障的前提下，广告公司必须确保每一分钱都花在刀刃上，避免任何不必要的浪费。广告策划案在设计各项任务分工、协作和推进等环节时，必须做到合理有序，能够提供详细的任务分配表、工作进度表和物资使用计划表。

任务分配表主要明确了各部门和各人员的职责和工作内容，各自的权责划分，跨部门工作的衔接，以及跨部门合作需注意的事项。工作进度表则是广告策划案实施的预期阶段性安排，规定了在每一个时间段内各部门、各人员需要完成的工作任务，并提供了工作检查的方法。物资使用计划表则详细列出了各个阶段工作推进所需要的物品、设备或场地，以及物资的采购、保管、运输、调度等后勤事务的处理方案。

8.3.3 实施效果衡量指标

提供认知、建立情感和驱动行为，是广告策划方案实施的三大效果类型，这已经被大多数广告公司和广告主所认同。

1. 认知目标

认知目标包括知识、理解和运用三大目标。“知识”指目标消费者接触产品或企业广告后进行再认知或者回忆广告作品的完整程度。“领会”指目标消费者理解广告创意表现中所含的语言文字、视觉符号等信息所代表的产品或企业特性的准确程度。“运用”指广告主题成为指导目标消费者消费理念的优先原则的选择概率。

2. 情感目标

情感目标包括反应、评价和性格化三大目标。“反应”指目标消费者对广告商品所代表的消费意义

（a）教师的鞭策

（b）飞舞的书本

图8-8　国外优秀广告策划

图8-8（a）：画面形象地体现了熊孩子对于开学这事儿的恐惧，恐惧拿着戒尺恐怖的老师。
图8-8（b）：后面乱飞的书本，熊孩子们惊恐的表情无不表现出对开学的恐惧。

从不反对、赞同到被消费意义取悦的三种由浅至深的情绪。“评价”指目标消费者渴望拥有广告商品的心理越来越强烈。“性格化”指目标消费者除了将通过广告获得的知识用于指导消费行动外，还会解决个人生活、社会交往等其他方面问题（图8-8）。

3. 行动目标

行动目标包括定势、机制和创作三大目标。“定势”是衡量目标消费者在购买某类产品或服务之前，是否将广告产品纳入考虑范围，以及愿意支付的经济预算额度。“机制”则是在消费者重复购买的情况下，他们依然选择广告产品的可能性。“创作”则是衡量消费者是否愿意分享他们的广告产品消费体验，以此吸引朋友或家人也成为广告产品的购买者。

鉴于每个广告策划案都有其独特的情景，测量者可以根据以上所述的三大目标效果体系的每个细化指标，转化为针对特定策划项目的个性化问题。接着，可以运用顺序量表（将多个刺激对象同时展示给被试者，让他们按照一定标准进行排序）、等距量表（将被试者对一个感觉的主观距离量化）和比例量表（将一个感觉量加倍、减半，或采用其他比例，或估算对应数值等）等心理量表形式来设定问题答案。最后，通过运用统计和数学运算，可以得出相关数据和结论。

8.3.4　优秀广告策划案例

1. RTX4060Ti显卡广告

科技飞速发展，电脑显卡的性能不断提升，为玩家和专业人士带来了前所未有的视觉盛宴。NVIDIA的GeForceRTX系列显卡一直以其强大的性能和独特的实时光线追踪技术备受瞩目。RTX4060Ti显卡采用了NVIDIA经典的设计风格，整体造型简约大气。显卡正面采用了黑色的散热片，给人一种低调而奢华的感觉。背面则采用了金属背板，不仅提升了整体质感，还能有效保护显卡。

图8-9　RTX4060Ti显卡广告

图8-9：RTX4060Ti显卡是呈现计算机性能的重要产品，以高速放射光芒造型的线条来强调产品的品质，同时展示产品价格，便于消费者比较与选购。

广告中的图形主要为显卡产品，在放射状三维线条衬托下，表现出强烈的时代感与科技感。广告中的显卡产品图片强调高效的散热设计，散热器采用了多层散热片，配合双风扇散热系统，有效降低了显卡在运行过程中的温度。同时，风扇噪音控制得相当出色，即使在负载较高的情况下，噪音也相对较小。

RTX 4060 Ti显卡作为NVIDIA的最新力作，凭借其强大的性能、出色的散热和噪音控制，以及丰富的游戏与专业应用表现，无疑是一款值得推荐的显卡。无论是对于游戏玩家还是专业人士，RTX4060Ti显卡都能带来极致的视觉体验。

2. 脑白金——吆喝起中国礼品市场

在中国，如果谁提到“今年过节不收礼”，随便一个人都能跟你过不去地说“收礼只收脑白金”。脑白金已经成为中国礼品市场的第一代表（图8-10）。

睡眠问题一直是困扰我国中老年人的一大难题，因失眠导致的睡眠质量不佳的现象比比皆是。据统计，我国至少有70%的妇女存在睡眠不足的问题，90%的老年人经常睡不好觉。因此，针对睡眠问题所产生的“睡眠”市场需求庞大无比。脑白金的功能定位准确，恰好迎合了这一市场需求。

然而，在红桃K以“补血”概念、三株口服液以

图8-10 脑白金广告

图8-10：脑白金的成功，关键在于定位于庞大的礼品市场，而且先入为主地得益于“定位第一”法则，第一个把自己明确地定位为“礼品”——以礼品定位引领消费潮流。

“调理肠胃”概念分别开创了中国保健品市场的辉煌之后，我国保健品行业信誉遭遇低谷。在当时的情况下，仅凭一个“睡眠”概念，想要迅速崛起，似乎并不现实。

脑白金作为单一品种的保健品，却在极短的时间内迅速打开了市场，并登上了我国保健品行业的“盟主”宝座，引领我国保健品行业长达五年之久。其成功的最关键因素在于，它找到了“送礼”的轴心概念。

我国乃礼仪之邦，送礼的行为无处不在。有年节送礼，看望亲友送礼，病人慰问送礼，公关送礼，结婚送礼，年轻人对长辈送礼等，各种送礼行为琳琅满目，礼品市场之大，不可限量。脑白金正是抓住了这一点，将自身定位为送礼的首选，从而成功地打开了市场，赢得了消费者的青睐。

3. 1∶1∶1——金龙鱼比出新天地

在我国的食品市场中，嘉里粮油公司的“金龙鱼”食用油品牌在过去的十年里，一直以无可比拟的优势，稳坐小包装食用油行业的宝座。这个品牌创新性地研发出了一种名为“调和油”的产品，引领了食用油市场的新潮流。

在“金龙鱼”品牌刚进入我国市场时，他们引进了国外已经广泛普及的色拉油。然而，他们发现这种油虽然市场前景广阔，但并未被我国消费者完全接受。原因在于，尽管色拉油的精炼程度极高，但它缺乏足够的油香，无法满足我国人民对食用油的口感需求。

为了满足我国消费者的需求，金龙鱼研发团队开始了不懈的努力。他们经过反复试验，终于研制出了一种将花生油、菜籽油与色拉油完美混合的产品。这种调和油不仅保留了色拉油的纯净卫生，同时又赋予了它丰富的油香，使得产品创新终于赢得了我国市场的认可（图8-11）。

为了将“金龙鱼”塑造为一个强势品牌，该企业不断创新品牌理念，从最初的“温暖亲情，金龙鱼大家庭”升级为“健康生活，金龙鱼”。然而，经过多年的营销传播，这些相对模糊的品牌概念除了使消费

者牢记“金龙鱼”这个品牌名字外，并没有引发更多的联想。而且，消费者对于调和油这一产品属性的理解仍相对模糊。2002年，金龙鱼实现了一次华丽的蜕变，取得了新的突破。关键在于其全新的营销传播概念——“1：1：1”。经过十年的磨砺和探索，金龙鱼终于让我国的消费者真正理解了调和油的内涵，关键在于找到了简单而富有创意的营销传播概念。

图8-11　金龙鱼广告

图8-11：看似简单的“1：1：1”概念，配合“1：1：1最佳营养配方”的理性诉求，既形象地传达出金龙鱼由三种油调和而成的特点，又让消费者“误以为”只有“1：1：1”的金龙鱼才是最好的食用油。

★补充要点

广告策划决策环节，其基本评估内容

1. 看广告计划是否与广告目标相一致，其内在逻辑联系紧密与否，广告成功的可能性是否最大限度地得到了利用；

2. 评估广告决策是否正确，广告策略是否运用恰当；

3. 广告主题是否正确，广告创意是否独特新颖，广告诉求是否明确，目标消费者是否认准；

4. 广告预算与实际费用如何，它们与广告效益的关系如何，是否随广告投资增加而效益也成正比例地增加等。

本章小结：

广告策划实施与评价是广告活动的重要环节。一个成功的广告策划不仅需要有独特的创意和高质量的制作，还需要在实施过程中考虑到各种因素，如广告媒介的选择、广告时机的把握、广告效果的评估等。广告策划实施与评价是广告活动的重要环节，需要综合考虑广告媒介的选择、广告时机的把握、广告效果的评估、广告目标的实现、广告创意的效果、广告媒介的效果、广告成本的效益等因素。只有通过综合考虑这些因素，才能制定出科学、合理、有效的广告策划方案，从而为广告主提供良好的服务。

●课后练习

1. 简述广告策划提案需要做哪些准备。
2. 提案过程中需要注意哪些？
3. 广告策划书实施需要哪几个步骤？
4. 广告策划方案评价的总体导向是什么？
5. 简述广告策划方案的内容质量分析标准。
6. 广告策划方案的实施效果衡量指标有哪些？
7. 选择一个你所喜欢的红色经典文学类广告对其广告策划实施进行评价。

第9章

广告作品设计与欣赏

学习目标：能通过有序的逻辑思维来从事广告设计，对广告设计有独特的见解和认知。

学习难度：★★★☆☆

重点概念：设计、欣赏、分析、比较

章节导读：学习广告创意与策划最直接的方法就是欣赏大量优秀广告作品，对于优秀作品的认知一般经过模仿修改到独立创意这个过程，最初的模仿是为了今后更好的独立创意，本章列出的优秀作品并对设计步骤进行解析，此外，还列出国内外优秀广告作品并对其进行分析，更进一步提升对广告创意内涵的理解（图9-1）。

图9-1　贝壳巧克力广告

图9-1：秉承着“天然、纯净、好味道”的理念，致力于为消费者带来最香醇的感受。贝壳巧克力主体延伸一部分至画面以外，表现出巧克力体量大，满足消费者心理认知需求。

9.1　广告设计步骤解析

广告创意需要在设计过程中不断提升，形成丰富、多样的细节，这些设计细节围绕着创意展开，并注入策划成分，下面介绍一批广告设计作品，解析设计过程与创意细节。

9.1.1　苏打饼干招贴广告

苏打饼干要成为消费者心中的选择，需要引人入胜的广告。首先要明确苏打饼干的目标消费群体，根据市场调查分析，目标受众主要为年轻人、上班族、学生等，他们对健康食品的需求较高，注重口感和营养价值。结合产品特点和目标受众的需求，确定广告设计主题为“0反式脂肪酸，好吃易消化”。这一主题既体现了苏打饼干的健康属性，又传达了消费者可以轻松享受美食的生活理念（图9-2）。

（a）创建底图与标题

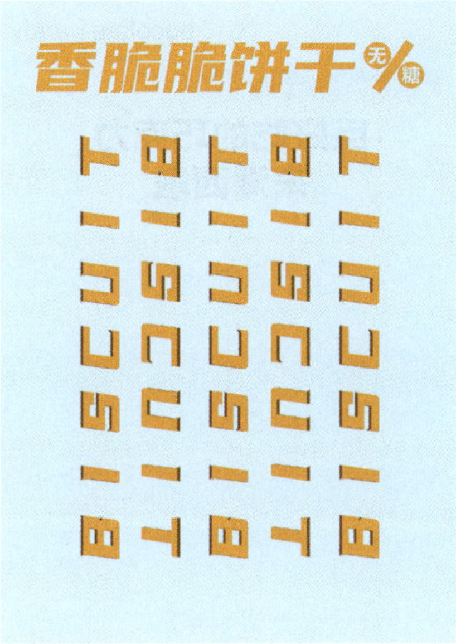

（b）输入文字

（c）置入图片

（d）输入辅助广告语

（e）输入主要广告语

图9-2（a）：创建浅蓝色底图，在招贴上方输入主要标题文字，并设计一个百分比符号。

图9-2（b）：将饼干英文BISCUIT竖向输入版面中央，并形成收尾交错布局的底纹造型。

图9-2（c）：置入苏打饼干图片，压在版面文字上方。

图9-2（d）：在版面左右两侧增加辅助广告语，并搭配英文翻译。

图9-2（e）：给饼干图片增加阴影，突出饼干的立体感，在版面下方增加主要广告语，突出产品特色。

图9-2　苏打饼干招贴广告

9.1.2 巧克力招贴广告

巧克力作为一种深受消费者喜爱的甜品，其广告设计更应该独具匠心，以吸引消费者的目光。巧克力广告设计要明确广告的目标，要让更多消费者了解并记住品牌名称和形象。通过广告传达品牌的核心价值观和理念，使消费者对品牌产生认同感；通过广告展示巧克力的美味和特点，激发消费者的购买欲望；通过广告宣传，吸引更多的消费者购买巧克力，从而扩大市场份额（图9-3）。

（a）创建底图与标题

（b）输入文字

（c）置入图片

（d）输入辅助文字

（e）置入样机演示

图9-3（a）：创建粉红色底图，在招贴上方边角输入产品英文，并对开端字母进行变色处理。
图9-3（b）：在招贴上部输入主要广告语文字，并设计浅棕色色块衬托。
图9-3（c）：置入产品摄影图片，并配上辅助广告语，压制在图片边缘，形成呼应与互动。
图9-3（d）：增加装饰图形与辅助文字，让招贴版面变得更充实饱满。
图9-3（e）：将设计完成的招贴置入样机图中，并重复排版，变换不同光照环境与反射质感。

图9-3 巧克力招贴广告

9.1.3　平板电脑招贴广告

平板电脑已经成为人们生活中不可或缺的一部分。它既是工作学习的得力助手，也是休闲娱乐的良伴。出色的平板电脑广告设计，不仅能够吸引消费者的目光，还能激发他们的购买欲望。广告设计目标是吸引目标消费者的注意力，使他们对平板电脑产生兴趣；突出平板电脑的特点和优势，让消费者对产品有更深入的了解；激发消费者的购买欲望，促进产品的销售。

广告主题以“高性能旗舰轻薄”为主题，强调平板电脑在生活中的实用性和便利性。广告在视觉上采用高清图片，展示平板电脑的精致外观和细腻质感。通过对比强烈的色彩搭配，突出产品的时尚感和科技感。

广告文案采用简洁明了的文字，介绍平板电脑的核心功能和特点，如性能、续航、刷新率等（图9-4）。

（a）创建底图

（b）绘制图形并输入标题

（c）置入图片

（d）输入辅助广告语

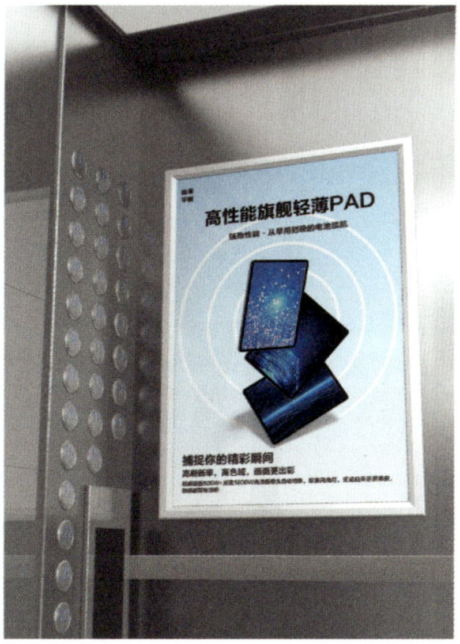

（e）置入样机演示

图9-4（a）：创建浅蓝色过渡渐变底图，上深下浅，具有一定科技感，在版面左上角输入产品名称。

图9-4（b）：在版面中央绘制白色圆环，并输入主要广告标题。

图9-4（c）：置入产品图片，形成叠加布局并给屏幕设计反光。

图9-4（d）：给产品平面赋予贴图，并增设投影，在版面下方输入辅助广告语，强化广告推广效果。

图9-4（e）：将设计完成的招贴置入样机图中，选择电梯内的招贴框架，平面电脑与银灰色环境更易融为一体。

图9-4　平板电脑招贴广告

9.1.4 服装招贴广告

在这个瞬息万变的时尚世界中，服装不仅仅是为了遮体保暖，更是一种个性、品位的体现。这里以“立夏上新计划”为设计理念，打造一款服装招贴广告，旨在激发人们的时尚追求，彰显个性魅力。在服装色彩搭配上采用时尚界永恒的经典——黑白色调。黑色代表神秘、高贵、优雅，白色则寓意纯洁、清新、自然。黑白两色相得益彰，形成强烈的对比，使整个画面更具视觉冲击力。同时，浅蓝色与浅紫色搭配也是对传统与创新的完美融合，表达出服装招贴设计的现代感（图9-5）。

（a）创建底图

（b）输入标题

（c）置入图片与广告语

（d）输入辅助广告语

（e）整体调整

图9-5（a）：创建柔和的浅蓝色过渡渐变底图，上深下浅，在版面左上角输入品牌名称。

图9-5（b）：在版面中输入广告语中英文，并设计色块来衬托文字，形成设计主题。

图9-5（c）：置入模特图片，输入广告语，设计浅紫色圆角色块衬托广告语。

图9-5（d）：在空白处继续增加辅助图形于辅助广告语。

图9-5（e）：对版面中的主要设计元素进行细微调整，放大主要标题文字，压在色块边缘，提升对比度，增加版面右下角英文，让整个版面更加饱满。

图9-5　服装招贴广告

9.1.5　饮料车身广告

车身广告作为一种流动的广告形式，以其独特的视觉效果和广泛的覆盖范围，受到了众多企业的青睐。饮料车身广告的设计首先要突出品牌形象，将品牌LOGO、品牌色彩、品牌口号等核心元素融入广告设计中，使消费者在第一时间内能够识别出品牌。

饮料车身广告的设计要明确广告目的，是要传达产品的独特卖点，还是要宣传品牌的形象。广告设计要力求简洁明了，避免过多的文字和图案，以免让消费者产生视觉疲劳。同时，简洁的设计也有利于传播，使广告信息更容易深入人心。饮料车身广告的设计要具有创意，避免与其他广告雷同，这样才能吸引消费者的注意力，使广告更具传播力。

饮料车身广告要充分利用车辆的动态特点，使广告具有动态感，增加广告的吸引力。利用色彩对比，使广告更加醒目，吸引消费者的注意力。通过视觉引导，引导消费者关注广告的核心信息，提高广告的传播效果。融入一些与文化相关的元素，使广告更具内涵，提高品牌形象（图9-6）。

（a）创建底图

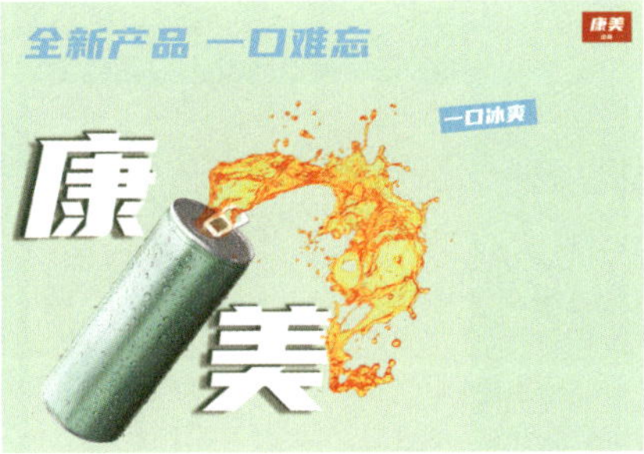

（b）输入文字与图片

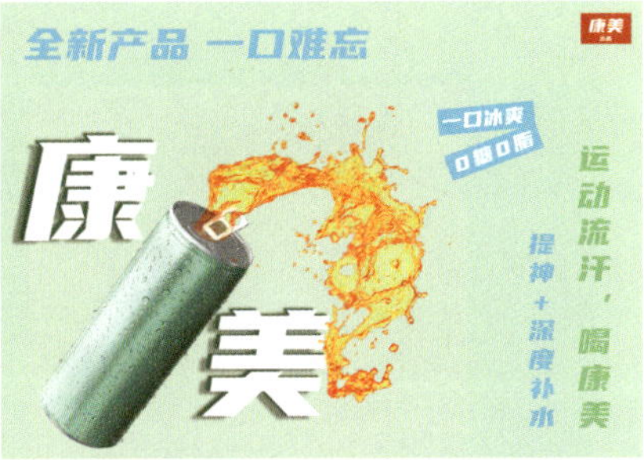

（c）置入广告语

（d）置入车身样机图

（e）变换背景色

图9-6　饮料车身广告

图9-6（a）：创建浅绿色底图，作为设计背景，在上方输入广告语。

图9-6（b）：置入图片并输入产品品牌名称，调整主要文字与图片之间的组合位置，获得最佳视觉效果。

图9-6（c）：在版面右侧空白处继续输入广告语，与主要图片形成均衡效果。

图9-6（d）：将设计完成的基础版面置入车身样机图中，并调整所有构成元素的位置与大小。

图9-6（e）：给样机图变换背景，选择低纯度的棕绿色作为背景，形成衬托效果。

9.1.6 导航App招贴广告

手机导航App已经成为日常生活中必不可少的工具。为了满足广大用户的需求，提高品牌知名度和市场占有率，导航App招贴广告力求以生动形象的方式呈现，以吸引更多的用户下载使用。导航App主要针对20～45岁的中青年用户，他们具有一定的消费能力，对科技产品充满热情，且在日常生活中经常使用手机导航。招贴广告采用简约风格，以蓝色为主色调，象征科技、专业、高效。同时，辅以橙色、黄色等鲜艳色彩，增加视觉冲击力，吸引目标人群关注。根据目标人群的特点，选择在公交车站、地铁站、大型商场、写字楼等高人流量场所投放广告。选择上下班高峰期、节假日等出行高峰时段进行广告投放，以提高广告的曝光率和效果（图9-7）。

（a）创建底图

（b）输入标题

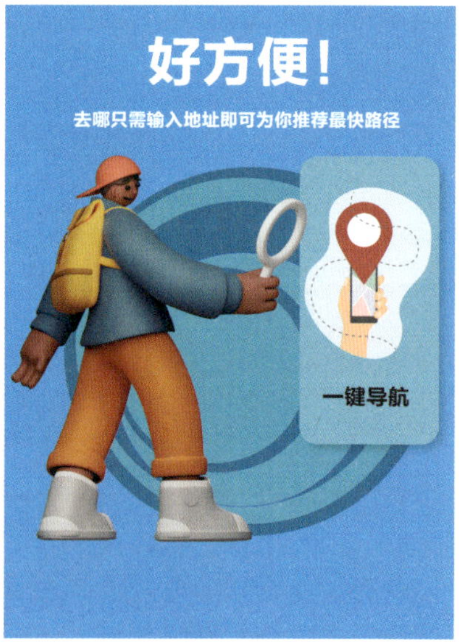

（c）置入图片与广告语

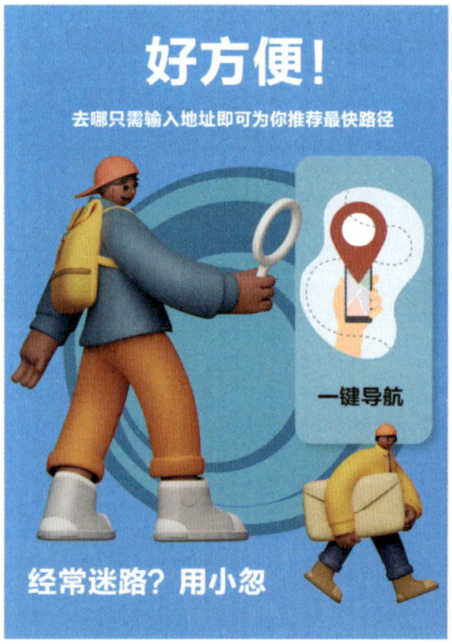

（d）输入辅助广告语

（e）置入样机演示

图9-7（a）：创建缓和的中蓝色过渡渐变底图，上纯下灰，过渡缓和，在版面上方输入广告语。
图9-7（b）：在版面中央绘制多个大小不一的圆形并交替着色，表现出找不到路迷茫的视觉图形。
图9-7（c）：设计并绘制一个主角人物与手机屏幕图形，两处图形形成呼应互动感。
图9-7（d）：继续输入辅助广告语，并设计绘制第二个人物图形，让版面更加充实饱满。
图9-7（e）：将设计完成的招贴置入样机图中，选择夜色下马路街景灯箱，并对灯箱地面进行处理，变为蓝色光效，让广告内容与环境融为一体。

图9-7 导航App招贴广告

9.1.7　面包店易拉宝广告

易拉宝是一种便携式展示器材，可以用于产品展示。在设计面包店易拉宝广告时，需要明确设计目标，广告应该吸引顾客的注意力，并使他们产生购买欲望。广告应该简洁明了，让消费者一眼就能看出要传达的信息还应该生动形象，使顾客能够感受到产品美味同时应该有吸引力，选择多张高质量的图片展示不同产品。编写简洁明了的文字，使消费者能快速了解店铺和产品（图9-8）。

（a）创建底图

（b）输入标题

（c）输入广告语

（d）置入图片并绘制图形

（e）置入图片与广告语

（f）置入样机演示

图9-8（a）：创建米黄色底图，形成面包产品的基础氛围，在版面上方输入标题文字。

图9-8（b）：变更标题文字字体，并绘制装饰线条，输入“头条”，吸引注意力。

图9-8（c）：设计广告语，采用深红色色块衬托在底部。

图9-8（d）：置入图片，并在版面中央绘制竖向条纹网格。

图9-8（e）：置入图片，增加广告语，强化版面表意能力。

图9-8（f）：将设计完成的版面置入样机图中，形成完整的视觉效果。

图9-8　面包店易拉宝广告

9.1.8 促销招贴广告

为了凸显秋冬的氛围，招贴的基调将明亮蓝色作为背景。在招贴广告中心区域，展示促销折扣力度。消费者看到广告的第一眼，就应该能够明白广告的主题和信息。注意广告的颜色和字体选择。秋冬季节的颜色应该是温暖的色调，如高明度、低纯度的红色、橙色、黄色等。这些颜色可以给消费者带来温暖的感觉，从而吸引他们的购买欲望（图9-9）。

（a）创建底图

（b）输入标题

（c）输入广告语

（d）输入广告语并调整

（e）置入样机演示

图9-9（a）：创建蓝色底图，在左上角与右下角绘制绿色方形图块。
图9-9（b）：在版面中央绘制虚线矩形与辅助图形，输入标题文字。
图9-9（c）：改变标题文字字体并作倾斜处理，输入广告语，在版面中排列整齐，并采用色块衬托文字。
图9-9（d）：在版面中下方继续输入文字，绘制虚线分隔，整体调整版面构成。
图9-9（e）：将设计完成的招贴置入样机图中，选择马路旁的圆柱，让招贴展示更有真实感。

图9-9 促销招贴广告

9.2　优秀广告作品解析

优秀的广告作品要明确广告目标。目标可以是提高品牌知名度，也可以是推动产品销售，或者是提升企业形象。

了解受众的需求和喜好，需要通过市场调查、数据分析等方式，获取受众的相关信息。注重创新思维，通过独特的创意和表现形式，吸引消费者的注意力，让消费者接受广告信息，找出他们的需求点和痛点，然后通过广告来满足他们的需求，解决他们的痛点。在信息爆炸的时代，视觉冲击力是吸引消费者注意力的重要手段。无论是色彩、形状、字体，还是图像、动画、视频等，都可以作为视觉元素，增加广告的视觉冲击力。

在实际的广告设计过程中，以上这些方法并不是孤立的，而是相互关联、相互影响，优秀的广告作品设计方法是一个系统性的工作，需要我们从多个角度出发，综合考虑各种因素。下面列出一批国内外优秀广告设计作品，并对这些作品进行解析，希望能全面提升创意能力（图9-10～图9-28）。

图9-10　NRG健身中心广告

图9-10：一款有良好作用的镜子，告诉你“你行的”。只要努力只要坚持，镜中的那个人就是未来的你。

图9-11　Batelco光速下载创意广告

图9-11：主打一个“快”字，让人一眼就能看出网速有多快。

图9-12 麦当劳开心乐园餐广告

图9-13 Tigo额外的分钟通话创意广告

图9-12：简单干净的界面，浓浓的乡村气息，还有点可爱。讲明了原料绿色安全还让人放心。

图9-13：Tigo额外分钟通话服务的优势不仅在于提供充足的通话时间，还在于其实惠的价格。与其他运营商相比，Tigo额外的分钟通话服务价格更低，让你在享受长时间通话的同时，不用承担太大的经济压力。

图9-14 飞利浦调成正确的心情广告

图9-15 Evian矿泉水广告

图9-14：飞利浦手机音响创意。音随境迁，转换的不只是音乐，更是心情。

图9-15：依云天然矿泉水是世界上最纯净的水：来自独特的源头，无人为污染，无人工添加。Evian的名字，源自凯尔特语“evua”，即“水”的意思。

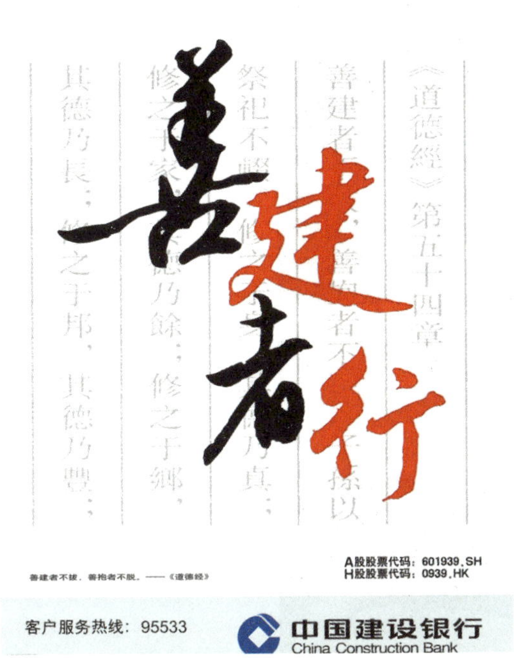

图9-16　中国建设银行“善建者行”广告

图9-17　传统糕点广告

图9-16：在新时代的征程中，中国建设银行始终秉持“善建者行”的核心价值观，以金融服务实体经济发展为己任，不断创新金融产品和服务模式，积极履行社会责任，为国家的繁荣富强、人民的幸福生活贡献力量。

图9-17：以糕点食物为核心，运用传统水墨画图形，营造出古典文化氛围。

图9-18　薯片广告

图9-18：薯片广告采用中性、温和的色彩吸引消费者的目光。广告中的薯片分散成阵列，用圆形环绕包容，形成均衡构图，加深了消费者对薯片的印象。让消费者在观看广告时，仿佛能感受到薯片的美味。

图9-19 Perrier 矿泉水广告

图9-19：Perrier矿泉水广告在广告圈确实引起了不小的轰动，在艺术造诣上表现得也相当惊人。从这个广告中可以感受到这种热度，使用这瓶水比任何时候看起来都更为恰当。这里有一些很好的表现手法，例如背景里有融化了的唱片机、手机、背包和托盘。

图9-20 Sanzer洗手凝胶广告

图9-20：当人们第一眼看到这个广告时会觉得“恶心！”或者是“毛骨悚然！”，那么他们就成功了。因为sanzer是一个抗菌洗手凝胶品牌，通过这广告作品，确实能够感受到这款产品的重要性。标语上写道：“你真的体会到了吗？”，描绘了肮脏手指和不能再被使用的电话。

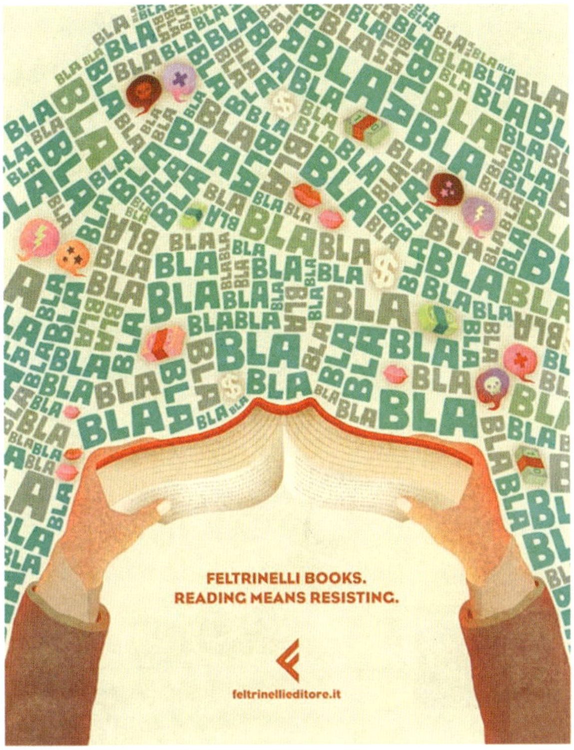

图9-21　Feltrinelli Reading费尔特里内利图书广告

图9-22　Jeep -Earth DayJeep吉普车-地球日广告

图9-23　苹果公司广告

图9-21：这张手绘风格的平面广告来自费尔特里内利出版社，主旨是表达人们对于纸质书阅读的热情。如今，给图书做广告是件很难的事，人们乐于选择Kindle这样的阅读工具，而越来越少的人会选择纸质书，而这张可爱的插画向人们展示了纸质阅读让人着迷的根本原因。文字的颜色和排版与手中的书的颜色形成了对比，很好地阐释了广告口号："阅读就是抵抗，阅读就是屏蔽一切的力量"。你和书一起抵挡住了外界嘈杂的声音，对于大多数人来说，这确实是个不错的主意。

图9-22：为了与世界地球日的主题相吻合，来自以色列特拉维夫的广告公司为Jeep设计了这款简单而实用的海报。用一个象征性的绿色背景，简单的图形组成，绘制了一辆吉普车从地球落下。并在下面用高亢的口号喊道"如果没有地球，你会在哪里开车?"。这真是个好问题!

图9-23：广告上的九个人分别是艾尔伯特·爱因斯坦Albert Einstein、阿尔弗雷德·希区柯克Alfred Hitchcock、艾米莉亚·埃尔哈特Amelia Earhart、安塞尔·亚当斯Ansel Adams、比尔·伯恩巴克Bill Bernbach、鲍勃·迪伦Bob Dylan、巴兹·奥尔德林Buzz Aldrin、查理·卓别林Charlie Chaplin、埃莉诺·罗斯福Eleanor Roosevelt。这些优秀的伟人每一个都没有顺从世界，最终也改变了世界。正如苹果公司所宣传的理念"变革原始，创新思考"。

图9-24　Utopolis数字电影院“搭乘”泰坦尼克号广告

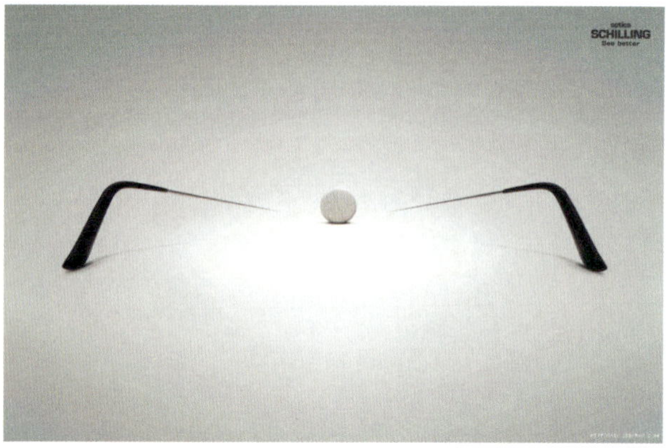

图9-25　软美SCHILLNG眼镜广告

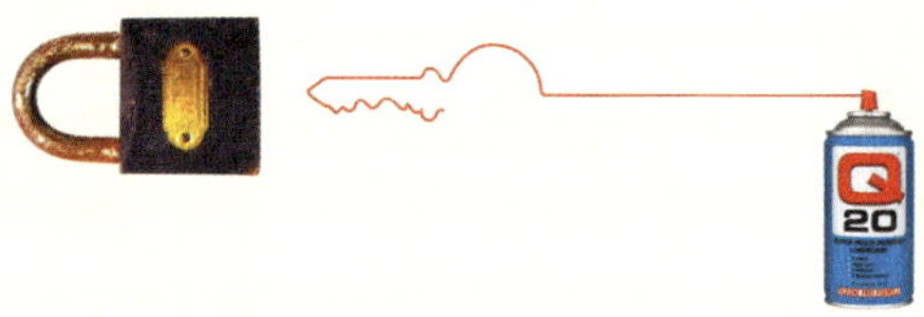

图9-26　除锈剂广告

图9-24：一看到这条广告很快就被逗乐了。这可能不是我们见过最美丽的或者最有艺术感的海报，但是它肯定会吸引你的注意力。原因就在于，比利时的Duval Guillaume广告公司在这个广告里用怪异地方式表达了我们对于电影的幻想。该系列还引申了《Free Willy》（人鱼童话），非常有趣。这个特别的广告灵感来源于泰坦尼克号，还有一些值得我们注意和喜欢的小细节，多云的天气和不太壮观的大海。事实上，这是每个人都可以接触到的东西，但结合在一起就能很好地传达广告寓意。

图9-25：一个眼眶，一样很小的小物体就能做一个广告，从功能的实用性角度出发，告诉受众戴了他们公司品牌的眼镜，看世界不再是模糊不清的了，微小的大千世界很好地呈现在你的面前。

图9-26：用简单的元素构成该广告的最终效果，将除锈剂喷出来的东西比喻成钥匙，去开已经生锈了的锁头，简单直接地将产品特性描绘出来，让消费者对该产品特性一目了然。

图9-27　魁北克汽车保险协会广告

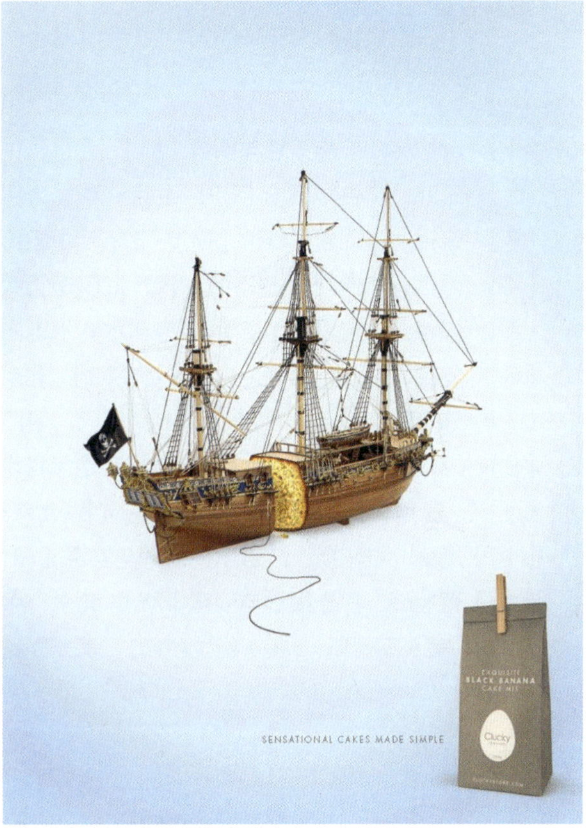

图9-28　Clucky蛋糕广告

图9-27：对任何创意机构而言，行车安全都是一项艰巨任务，它必须传递重要的信息并能留下持久的印象，同时还要具有创造性。这个海报就是基于加拿大魁北克的这家专门从事行车安全事宜的机构设计的。虽然沿用安全带这个想法有点复古，但是这可以很好地向年轻人展示安全带的重要性，并告诉年轻驾驶员要确保自身安全。

图9-28：小朋友喜欢模型，这件帆船模型是个蛋糕，对于小朋友来说是多么美妙的一件事啊。精准定位消费者群体，宣传了Clucky蛋糕的多样造型，可以DIY出自己喜欢的样式，给消费者很大的想象空间。

本章小结：

欣赏和学习优秀的广告设计作品，对于提高我们的审美水平和设计能力具有重要意义。通过欣赏和学习优秀的广告设计作品，可以发现，一个成功的广告设计作品，必须具备独特的创意、强烈的视觉表现力、精炼的文案策划、与品牌形象紧密结合、符合目标受众心理需求等特点。优秀的广告设计作品不仅能迅速抓住人们的注意力，还能让人过目不忘，产生强烈的传播效果。

●课后练习

1. 根据本章案例，简述广告招贴设计制作步骤。
2. 广告创意设计中的文字与图片构成有什么关系？
3. 中国与外国商业广告中的主题分别自于哪些方面？
4. 根据本地地域特色与文化内涵，设计一组3幅旅游广告招贴。

参考文献

[1] 蒋旭峰. 广告策划与创意 [M]. 北京：中国人民大学出版社，2011.

[2] 王菲. 广告学概论 [M]. 北京：中国人民大学出版社，2012.

[3] 崔银河. 广告学概论 [M]. 北京：中国传媒大学出版社，2007.

[4] 付强. 广告创意 [M]. 武汉：武汉理工大学出版社，2010.

[5] 段嵘. 广告设计 [M]. 北京：水利水电出版社，2014.

[6] 赵红，姚欣，顾静. 广告设计 [M]. 北京：清华大学出版社，2013.

[7] 陈培爱. 广告文案创作 [M]. 厦门：厦门大学出版社，2008.

[8]（英）多米尼克·盖廷斯. 牛文案是怎样炼成的 [M]. 北京：中国传媒大学出版社，2010.

[9]（美）奥格威. 奥格威谈广告 [M]. 北京：机械工业出版社，2013.

[10] 威廉·维尔斯. 广告学：原理与实务 [M]. 北京：中国人民大学出版社，2013.

[11] 蒋旭峰. 广告策划与创意 [M]. 北京：中国人民大学出版社，2011.

[12]（美）阿伦斯，（美）维戈尔德，（美）阿伦斯. 当代广告学 [M]. 北京：人民邮电出版社，2012.